Vazios e plenitudes

Odete Lara

Vazios e plenitudes

Reflexões e memórias

Título original: *Vazios e plenitudes*
Copyright © 2009 Odete Lara
Imagem de capa: Beto Novaes/EM/D.A Press

Todos os direitos reservados. Nenhuma parte desta obra pode ser reproduzida ou transmitida por qualquer forma ou meio eletrônico ou mecânico, inclusive fotocópia, gravação ou sistema de armazenagem e recuperação de informação, sem a permissão escrita do editor.

Direção editorial
Soraia Luana Reis

Editora
Luciana Paixão

Editora assistente
Valéria Braga Sanalios

Assistência editorial
Elisa Martins

Preparação de texto
Mariana Fusco Varella

Revisão
Cid Camargo
Bruno Salerno

Capa, criação e produção gráfica
Thiago Sousa

Assistente de criação
Marcos Gubiotti

CIP-Brasil. Catalogação-na-fonte
Sindicato Nacional dos Editores de Livros, RJ

L827v   Lara, Odete, 1929-
           Vazios e plenitudes: reflexões e memórias / Odete Lara. - São Paulo: Prumo, 2009.

           ISBN 978-85-7927-000-0

           1. Lara, Odete, 1929-. 2. Atrizes - Brasil. I. Título. II. Título: Reflexões e memórias

                                                                 CDD: 869.98
09-0974.   CDU: 821.134.3(81)-94

Direitos de edição: Editora Prumo Ltda.
Rua Júlio Diniz, 56 - 5º andar – São Paulo/SP – Cep: 04547-090
Tel: (11) 3729-0244 - Fax: (11) 3045-4100
E-mail: contato@editoraprumo.com.br / www.editoraprumo.com.br

SUMÁRIO

Apresentação de Marco Lucchesi 7
Nota da autora 9

PRIMEIRA PARTE
Sonho 1 13
Exilada no mundo 14
Encarando o vazio 15
Estar só 16
Sofrer não basta 17
Reencontro 18
Náusea do mundo 19
Sentido, onde está o sentido? 20
Sonho 2 21
Heterônimos 22
Eros sublimado? 23
Ao deus-dará 24
Dueto 25
Plenitude 26
Dúvida 27
Trechos de carta a uma nova amiga 28
Fio Terra 29
Pequerrucho 30
Dialogando com Clarice 31
Redescoberta 33
Um outro mundo é possível 34
Sonho 3 35
Sabedoria louca 36

Morte temporária...38
Fastio..39
Sonho 4...40
Poesia e mística..41
Sonho 5...43
Atravessando o deserto..44
Finitude..45
Velhice..46
Que foi feito das mulheres da minha geração?...........47
Santuário..49
Verde coração..51
Sonho 6...53
Não é bem assim..54
Vida monástica?...56
Estarrecimento...58
A falência das palavras..59
Posta em sossego?...60
Diálogo com a morte..61
Sonho 7...62

SEGUNDA PARTE
Turquia (1999)..66
China e Tibete (2000)...80
Escandinávia (2001)...100
Agradecimento de amor...119

Luminosa e Áspera

Odete Lara buscou em todos os meridianos e latitudes, mosteiros e desertos, a imagem de um rosto invisível, o aroma de um fruto inalcançável. Buscou onde quer que houvesse um rastro, um sinal, por vales, montanhas e ribeiras. Como se perguntasse – como Rumi, Juan de la Cruz ou Hildegard von Bingen – onde o Amado se escondeu. Clama pelas bodas místicas, do Yin e do Yang, do enxofre e do mercúrio, e as mais diversas formas para as quais se abre o coração generoso de Odete Lara.

Vejo a cada livro a conquista de um território, desde *Eu nua*, *Minha jornada interior*, até *Meus passos em busca de paz*. O vasto território do não-saber. Da douta ignorância. De um estado permanente de não adesão. Um espírito místico, o seu. Místico e poético. E, por isso mesmo, exigentíssimo. Descontente com os modos fáceis. Atalhos imprecisos. E formas sectárias. Porque Odete é um espírito de inclusão. Ama o silêncio de Merton. As altitudes do Tibet. A meditação zen. E sabe que a mística profunda desconhece as rígidas fronteiras. Seu espírito está mais para um John Hick, teólogo do diálogo, do que para os legisladores da fé e das liturgias. O itinerário de Odete é uma verdade luminosa e áspera. Um vigor. Uma fragilidade. Pedra e nuvem. Amo-lhe os contornos e sobretudo o instante que vive agora. A vasta geografia do silêncio e os tesouros inefáveis de seus confins.

Marco Lucchesi

Nota da autora

Às vezes me pergunto: por que, depois de haver abandonado a profissão de atriz, na qual exercitava a palavra falada, passei a me dedicar à escrita?

Creio que por necessidade de me expressar e por ser esse o meio que melhor atende ao apelo interior de recolhimento, após uma vida pública tão agitada quanto foi a minha.

Com efeito, o que mais poderia acolher tão contraditórias e vertiginosas mudanças, como as que ocorrem em minha mente, se não o branco do papel sempre pronto a receber qualquer tipo de confidência que se lhe faça?

As páginas soltas que se seguem são reflexões feitas em diferentes ocasiões, lugares e situações, na tentativa de entender a mim e ao mundo. Se nem sempre o logrei, escrevê-las ajudou-me a melhor suportar ambos.

Espero que, para o leitor, também tenham algum tipo de serventia.

Odete Lara

PRIMEIRA PARTE

PRIMERA PARTE

Sonho 1

Estou no meio do Apocalipse. Todos correm desesperados procurando, às tontas, o que fazer para se salvar. Tudo está desmoronando e a certeza do fim é absoluta.

Indecisa quanto ao que fazer, sinto o chão sob meus pés mover-se e vejo que a terra em torno começa a rachar-se, abrindo abismos que são inundados pelas águas que afastam cada vez mais, uns dos outros, os blocos de terra que flutuam. Não há mais em que se segurar.

Em meio a esse cataclismo vejo à minha frente, andando com segurança, um vulto que parece ser de um monge. Só o vejo de costas. Ele veste um manto marrom com uma cruz preta estampada à altura das costas. Não consigo ver seu rosto, pois está semiencoberto pelo capuz do próprio manto.

Sinto claramente que é um sinal do caminho que devo tomar e, sem vacilar, sigo-o a alguns passos de distância, sem que ele se aperceba.

Exilada no mundo

Depois de completar setenta anos de idade, ainda me sinto exilada no mundo, sem adaptar-me à sociedade. Embora tenha procurado cooperar para mudá-la em seus aspectos negativos, não sei como continuar a fazê-lo de forma mais abrangente.

Bastaria permanecer à margem, oferecendo solidariedade às pessoas que encontro no caminho, ajudando-as moral e espiritualmente quando o necessitam? Seria escrevendo para partilhar com os demais o que me foi dado a garimpar em minha longa experiência de vida? Ou seria a forma que desde há muito cogito: viver num mosteiro?

Thomas Merton*, monge trapista, pessoa com quem mais me identifico em temperamento e aspirações e a cujos livros sempre recorro, por encontrar neles eco a todos os meus questionamentos, por mais intrincados e absurdos que sejam, assim esclarece sua opção:

"A razão de tornar-me monge, antes de tudo, é o incondicional rompimento das limitações impostas pela sociedade normal. Você se torna uma pessoa inteiramente marginal a fim de romper a superficialidade inevitável da vida social. Isto vem a ser uma certa solitude, estar à parte da maioria, não contar com o conforto de vários ídolos sociais, não depender da aprovação dos outros".

Seus propósitos não diferem dos que me trouxeram ao afastamento em que vivo.

---

* Thomas Merton (1915–1968): renomado marxista de intensa vida social e pública, que surpreendeu a intelectualidade americana e europeia ao se tornar monge da Trapa, a ordem mais severa do cristianismo. Autor de inúmeros livros, entre os quais *A montanha dos sete patamares*. (N. A.)

Encarando o vazio

Estou frente ao branco de uma página sem encontrar palavras para imprimir-lhe vida. Tão branco como esse papel são meus dias sem nenhuma perspectiva.

Sim, sei que fui eu mesma a cultivar esse nada com o qual, a duras penas, aprendi a me familiarizar. Só quando o estranho, é que passo a invejar aqueles que têm a vida tão cheia de compromissos que não lhes sobra tempo para angústias. Mas, logo me pergunto: não será para fugir da incapacidade de encarar o vazio que se ocupam tanto?

Têm razão os mestres zen ao afirmarem que a vida só se dá no momento presente, uma vez que o passado já foi e o futuro ainda não chegou. De fato, quando consigo realizar a façanha de me situar no momento presente, seja ele qual for, o vazio se transforma em plenitude.

Resta-me seguir exercitando essa manobra.

Estar só

Passo um período no Rio, nesta ilha de silêncio que é meu pequeno apartamento com janelas que se abrem para uma majestosa rocha de cujas fendas emergem verdes arbustos e palmeiras.

O telefone não chama, ninguém bate à porta, o interfone não toca.

Por um momento, parece-me deplorável não estar mais inserida no movimento do mundo. Mas não fui eu mesma que criei este deserto ao redor para poder atravessá-lo sem nenhuma das ilusões que, como todos, também já alimentei?

Foi a quietude da observação que me permitiu enxergar a vida em profundidade, compreender as criaturas e lidar com elas com compaixão, especialmente as desvalidas.

Estou mais próxima de todos do que quando os acompanhava, lado a lado, na corrida coletiva. Convivo agora com os livros, que alimentam minha alma, dão eco ao meu pensamento e não me perturbam com barulhos.

Como disse W. H. Auden*: "Ser livre é, com frequência, estar sozinho".

---

* W. H. Auden (1907–1973): grande poeta, dramaturgo e crítico, nos anos 1930 combateu na Guerra Civil Espanhola. É considerado um dos maiores poetas ingleses do século XX, tendo influenciado as gerações seguintes dos dois lados do Atlântico. (N. E.)

Sofrer não basta

Despertei em péssima disposição anímica. Ao sentir que seria um daqueles dias em que não consigo fazer nada a não ser devanear, me forcei ao máximo para sair e caminhar pela orla marítima próxima ao meu apartamento no Rio. A indisposição era tal que meus passos se arrastavam lentos, como se carregassem chumbo. Não era sem razão: tive sonhos que mexeram muito com minha psique. Todavia não conseguia recordá-los; apenas sentia as fortes sensações deixadas. Com esforço, lembrei o noticiário do dia anterior: um terremoto na Turquia já matara duas mil criaturas em lugares onde eu tinha estado dois meses antes. Sem dúvida, isso deve ter causado os sonhos perturbadores.

Pensei nas amáveis pessoas que havia conhecido por lá, como os dois jovens que festejavam seu casamento no salão do hotel em que me encontrava em Izmir. Teriam sido esmagados como tantos outros? E o guia de nossa excursão, o robusto jovem turco que falava perfeitamente o português, explicando com seriedade e ufanismo detalhes das riquezas arqueológicas e históricas de seu país, teria também perecido?

Aquilatando a transitoriedade da existência, continuei a caminhar pela orla repleta de gente fazendo *cooper* quando, de repente, "vi" a beleza do dia, da paisagem, do mar, das montanhas, das árvores, todo o esplendor da Baía de Guanabara. Dei-me conta de que estar viva é um milagre e que ficar alheia à maravilha da natureza que me circundava era trair a Criação. Fui, então, invadida por uma extraordinária vitalidade que fez pulsar um amor transbordante por todas as pessoas que por mim passavam, tendo mesmo que me conter para não detê-las e abraçá-las e perguntar se davam-se conta do milagre que era estarem inteiras, andando num lugar tão belo como aquele. Agradeci ao universo por estar imersa na vida, irmanada com todas as criaturas.

Há que se reconhecer que a vida é cheia de sofrimentos, mas é também cheia de maravilhas, como o céu azul, a luz do sol, o sorriso de uma criança. Temos que estar em contato também com as maravilhas, para encontrar um equilíbrio entre essas duas forças antagônicas que dinamizam o movimento do mundo.

SOFRER NÃO BASTA!

Reencontro

Foi nesta manhã, estranhamente cinzenta para uma cidade luminosa como o Rio, que o revi, depois de longos meses de ausência.

Seu semblante parecia refletir o ar da manhã: silencioso, sereno, como a espreguiçar-se ainda da noite profundamente dormida.

Esse antigo amante, o mar, já não crispava suas águas, nem rugia em rebentações ameaçadoras; tampouco escandalizava, como nos dias de sol, em que espelhava o nu azul celeste.

Parecia finalmente apaziguado, resignado por tê-lo preterido pela mansidão da serra e vir ao seu encontro apenas quando a sofreguidão da saudade o exige.

Náusea do mundo

Ao dobrar uma esquina no centro do Rio, junto a um amontoado de lixo com sacolas, pedaços de madeiras, caixas velhas de papelão, vislumbrei um plástico que cobria algo escuro que parecia ser o corpo de um homem deitado – desgraçadamente, coisa comum nesta cidade.

Segui em frente entre outras tantas pessoas também apressadas e, ao dobrar uma esquina, veio-me um pensamento: "Que ideia! Sob este sol, um indigente se cobrir com plástico, material que aumenta terrivelmente o calor".

A esta reflexão se associou a lembrança de que, há tempos, alguém comentara, a propósito da escalada da violência no Rio, que era comum serem encontrados, na montoeira do lixo da favela próxima ao seu bairro, sacos contendo cadáveres de jovens assassinados por traficantes de drogas. Lembro-me de ter estremecido e passado vários dias com náuseas.

Seria aquilo que havia visto de relance, há pouco, um cadáver? Que horror! Que fazer? Voltar para verificar? Não teria condições físicas para suportar por mais tempo a fornalha do calor na rua. E os funcionários das casas comerciais vizinhas, não teriam forçosamente visto o estranho "embrulho"? Teriam chamado a polícia? Talvez fosse um homem apenas dormindo, como tantos são levados a fazê-lo nas ruas, vitimados pela exclusão da política social vigente no nosso país e, pelo que se pode observar, em todo o mundo.

A única coisa que consegui fazer para aliviar minha agoniante culpa, por não possuir o equilíbrio emocional e a habilidade prática que à Madre Tereza de Calcutá sobrava, foi orar por aquela criatura que, se morta, havia, ao menos, se libertado deste mundo de tamanhos horrores.

Sentido, onde está o sentido?

Cansaço de viver. Neste exato momento, não vejo sentido algum em nada. O que dá sentido à vida é, na verdade, a ideia que dela fazemos.

Cada indivíduo, baseado em suas circunstâncias internas, sejam de ordem psíquica, fisiológica ou genética, e mais nas circunstâncias externas – condição social, educação e cultura –, concebe o mundo à sua maneira.

Isso significa que o mundo me é intolerável, não porque ele assim o seja, mas porque os fatores internos e externos que me estruturam resultam nessa configuração.

Se assim é, como explicar a alternância desse estado com outro no qual tudo faz sentido e me completa?

Sonho 2

Encontro-me de pé andando dentro de um pequeno rio, cuja água chega até meus joelhos.

Pisando nos seixos que cobrem seu leito, percebo que há um buraco que suga a água para o centro da terra. Tento averiguar e vejo que se trata de um buraco precariamente tapado com um pano enrolado numa pedra.

Em certo momento essa tampa escapa e a força de sucção da água é tão grande que meus pés começam a ser tragados. Fico terrificada ao perceber que posso ser tragada inteira para o fundo da terra.

Num ímpeto instantâneo, providencio uma pedra maior capaz de vedar o buraco.

Heterônimos

Vivem dentro de mim todas as personagens que possam existir na ficção ou na realidade. São inumeráveis e se alternam constantemente. Algumas permanecem por instantes, outras por horas, dias, meses.

Há uma que, por ter sido mais frequente, dá a impressão de ser definitiva: a Contemplativa. Quando esta se instala, cerra todas as portas para o mundo exterior, mergulha no silêncio e, não raro, adquire uma paz que acredita ser perene.

Mas eis que, sem mais nem por que, uma outra vem à tona. É a Nômade, que, protestando contra a estagnação, exige exatamente o oposto: viajar para os recantos mais longínquos da Terra para respirar novas paisagens, observar outros povos e costumes.

Vez ou outra, irrompe a Realista (?), aflita por ter perdido o trem em que a maioria embarcou. Com esforço, tenta reinserir-se na louca corrida do mundo. Vã tentativa, pois já sabe que é outra a sua loucura.

A Dançarina, quando enlevada por alguma música, põe-se a dançar, ainda que sozinha, como na infância, quando, impedida por ordem paterna de dedicar-se a essa arte, fazia-o fechada em seu quarto, ao som das músicas clássicas ou flamencas que vinham do rádio.

Dentre essas e outras mais, qual será a verdadeira?

Todas, enquanto atuam.

Eros sublimado?

Milagrosa essa coisa em mim de, subitamente, sair das trevas e me ver em total bem-aventurança.

Às vezes penso que esses meus ciclos têm a ver com a Lua. Aliás, todos os movimentos da Terra e do que existe ao seu redor influenciam meu estado de espírito.

O fato é que, há um longo período, aqui em meu pouso na serra, circundada por verdes e silêncio, tenho experimentado um bem-estar maravilhoso, só interrompido por períodos ainda melhores de bem-aventurança: uma espécie de lua-de-mel com Deus.

Se antes já me unia a Ele em espírito, agora a união se dá também na carne. É o que sinto quando a natureza – Seu corpo? – me cobre com seus beijos de sol, carícias de brisa, murmúrios de regato e folhagens arfantes.

Ao deus-dará

Enquanto caminhava hoje pela trilha deserta, apreciando a beleza da mata e das flores silvestres que a margeiam, tive a cristalina noção de que não só não pertenço a ninguém como não pertenço a nada. Não faço parte de nada.

Desde sempre me senti assim, talvez por jamais ter tido uma família; ou por temperamento? Só sei que, tampouco na juventude, fiz parte de clubes ou turmas. Só conheci a sensação de pertencer a algo quando, exercendo a profissão de atriz, era tida como pertencente à classe artística. Assim, desde que deixei essa profissão, há vinte e cinco anos, a nada pertenço.

Dei-me conta também de que, embora esteja envolvida com o budismo, estudando-o e praticando-o há mais de vinte anos, nem a ele pertenço, já que não faço parte de nenhuma comunidade ou instituição. Embora sinta no budismo meu núcleo familiar, não trago, como normalmente acontece com aqueles que se dedicam por tão longo tempo ao estudo e práticas budistas, um título, uma ordenação. Não por falta de oportunidade de obtê-los, mas simplesmente por preferir estar livre de rótulos.

Enfim, cheguei à conclusão de que pertenço sim a Deus, e também ao deus-dará, pois é dessa forma que tenho levado a vida.

Percebo que quando me guio pela lei de Deus, sou provida do que realmente necessito. Quando, em dúvida, volto a me orientar pela lei do mundo, volto a me perturbar por não mais pactuar com seus valores.

Dueto

Estirada no gramado de meu jardim, depois de fazer ioga, observo os pássaros. São mais numerosos do que o usual e se expõem mais abertamente. Saltitam nos galhos da pereira, em cujas extremidades começam a brotar minúsculas flores brancas, e voam para os galhos da castanheira, que parece estar em atraso de gestação. De uma para outra árvore, emitem sons diferentes daqueles de seu canto. Parecem agitados, conferenciando entre si qual a melhor estratégia para celebrarem a primavera que está para chegar.

Como se chegassem finalmente a um consenso, debandam todos, em ruidosa revoada. Apenas um canário permanece indiferente, executando um primoroso solilóquio.

Ponho-me então a fazer-lhe eco, assobiando seu trinado enquanto ele, virando a cabecinha em todas as direções, tenta localizar o estranho invasor de seu reino. Divirto-me em imitá-lo por um bom tempo até que, a um dado momento, ele suspende seu canto na terceira nota, enquanto eu, desprevenida, repito-o até o final.

Como a divertir-se ele desta vez, por haver me pregado uma peça, bate as asas em alegre retirada.

Ah! Até as aves têm seus humores...

Plenitude

Que outro sentido pode ter a vida se não a fruição da beleza desta manhã em que me sinto dissolver nas cores, nas árvores, na mata, no céu, no canto das cigarras, no hálito da terra ainda orvalhada?

O que é isso se não o anunciado "reino do céu na Terra", por Cristo, e o "nirvana" por Buda?

Pensar que tudo sempre esteve a meu dispor e que passei a vida quase inteira procurando em outra parte...

Dúvida

Estarei sendo egoísta ao usufruir este deleite espiritual enquanto meus semelhantes estão em sofrimento?

Deverei, em nome deles, dar as costas à graça que me está sendo concedida? (ou conquistada?). Terão todos que merecê-la através do entendimento, alcançável com muito sofrimento como a mim sucedeu, até conseguir ter "olhos de ver" além das aparências, dos véus da ilusão? Ou estarei, de alguma forma, ajudando os demais quando, na hora de minha meditação diária, busco lhes transmitir amor e confiança, da mesma forma que o faço quando os encontro pessoalmente?

Embora saiba que a comunicação espiritual é efetiva, exultei quando li uma confirmação disso em uma revista científica americana especializada em ondas cerebrais. Diz o artigo que foram feitos testes nesse sentido em duas cidades de elevado índice de criminalidade. Numa delas, foram colocadas duzentas pessoas juntas, meditando quatro horas por dia, durante um mês. Na outra, foram colocadas apenas cem pessoas fazendo o mesmo por igual tempo. O resultado da diminuição de violência correspondeu à quantidade de meditadores postos em cada uma das duas cidades.

De qualquer forma, devo estar atenta para não me desviar do caminho do meio, para não sofrer o desequilíbrio a que levam os extremos, como o deste momento em que me custa tão grande sacrifício ter que lutar pela sobrevivência.

Trechos de carta a uma nova amiga

Há tempos vivo imersa no mundo abstrato: devaneios, pensamentos, ideias; tudo vivido com tal intensidade na mente que não sobra energia para concretizá-los.

Por não depender de horário nem de sair de casa, minha ocupação atual de traduzir não me serve de âncora para estabelecer contato com o mundo exterior.

Intriga-me que com todos os quesitos de casamento, família, sucesso profissional, você possa cair nos mesmos buracos negros que eu, como relatou em sua última carta. Achei que isso só acontecesse a desajustados. E o fato de ser obrigada, pelo trabalho, a sair de casa todos os dias e enfrentar a realidade concreta não a protege de tais quedas?

Bom que esteja instigada a me fazer confissões. *So do I.* Poderemos confiar uma na outra e nos mostrar sem defesas.

Foi uma dádiva haver conhecido alguém com uma sensibilidade tão aguçada como a sua.

Fio Terra

Manuel, o caseiro que, junto à sua família, vive em meu sítio há vinte e cinco anos, é um homem de pequena estatura, simples, praticamente iletrado e superinteligente. Resolve todos os tipos de problemas que surgem em uma casa: canos com vazamento, goteiras, troca de ripas apodrecidas, enguiços na geladeira, fogão e chuveiro elétrico, sem falar no esmero com que mantém o terreno limpo, as árvores, a horta, o jardim, improvisando engenhos para consertar coisas que ninguém consegue.

Outro dia, virou-se para mim e disse: "A senhora não tem idade para ter um filho como eu [ele é dez anos mais novo], mas a considero como mãe".

Sorri agradecida e fiquei depois pensando na ironia da vida. Mal sabe ele que eu o vejo como uma espécie de pai, alguém sólido no mundo, um referencial concreto. Isso porque muitas vezes me distancio de tal forma da realidade com devaneios, ideias, fantasias, suposições, hipóteses, tão perdida na abstração, que penso haver entrado no terreno da loucura. O único fio que me conduz de volta à Terra é ver, através da janela, Manuel sempre em ação, capinando, plantando, cuidando da horta ou jardim, aparando a grama, cortando os galhos secos das árvores. Faz seu trabalho com tanta dedicação e esmero que me comove.

Ignora que essa mãe, que imagina ser eu, é, na verdade, uma nave ao léu, sem nenhuma âncora a segurá-la a não ser ele próprio em sua sólida relação com a terra.

Devido ao avanço de minha idade, considerei, algumas vezes, que me conviria mais, em lugar dele, ter uma mulher que me servisse dentro de casa nos afazeres domésticos, como cozinhar e suprir a despensa.

Todavia, como não posso pagar dois empregados, acabo dando preferência a Manuel, mesmo porque é graças à presença dele e de sua família, logo à entrada do terreno, que me sinto em total segurança. E, depois, como dispensar alguém que é um exemplo de honestidade e integridade, qualidades mais raras que o diamante nos dias atuais?

Cabe a mim, a quem ele serve há tanto tempo com honestidade, competência e dedicação, continuar a manter sua sobrevivência física. Sem que o saiba, ele mantém meu equilíbrio psíquico, quando resvalo no terreno movediço que pode me levar à loucura.

Pequerrucho

A morte chegava pé ante pé em busca de meu querido vira-lata, o Pequerrucho, como o havia apelidado ao vê-lo o mais débil entre os filhotes que me foram oferecidos.

Já em casa, enquanto lhe dava o especial cuidado e carinho de que carecia, o pequeno príncipe crescia, retribuindo-me a cada dia mais amor e fidelidade. Vi seu rabinho avolumar-se pouco a pouco até formar uma antena recoberta de linda pelagem ruiva, a sinalizar suas reações de júbilo ou o tamanho de seu apetite à hora das refeições. Quando, por alguma razão, eu ficava abatida, sua esfuziante presença tinha o dom de levantar meu ânimo.

Por que então relutara eu tão longo tempo para adotar um cachorro? Subitamente, lembrei: ainda criança, o primeiro contato que tive com o sofrimento foi quando perdi meu cãozinho Toddy.

Se Pequerrucho, quando novo, trazia de volta minha infância, quando velho, fazia-me pensar em meu fim. Ele partiria antes, era evidente, pois já não tinha forças para sustentar-se sobre as patas dianteiras. Entretanto, ele lutava para não sucumbir, parecia que nem tanto por amor à sua própria vida, mas para poupar-me de sofrer.

Às vezes, percebendo minha comoção, esforçava-se para se pôr sobre as patas dianteiras, como a querer dizer: "Vê como estou bem?" Mas logo elas voltavam a se dobrar.

Uma manhã apareceu morto sobre a grama. Com profundo pesar, pedi ao caseiro que cavasse uma sepultura na colina, a caminho das araucárias. Ambos consternados, o caseiro e eu, o enterramos, colocando a seguir uma pequena cruz improvisada com pedaços de lenha. E lá está meu Pequerrucho, a quem elevo uma oração sempre que o evoco enternecida.

Dialogando com Clarice

Acabo de ler o livro *A descoberta do mundo*, de Clarice Lispector — uma reunião de crônicas que ela escreveu para um jornal do Rio. Em vários textos ela menciona certos estados psíquicos, tão semelhantes aos que me afetam, que não resisto ao apelo de conversar com essa extraordinária escritora, mesmo que imaginariamente.

Sabe, Clarice? Uma das coisas contra a qual tenho lutado durante toda a vida é minha tendência ao devaneio, à dificuldade de me ligar ao mundo concreto. Fiquei surpreendida ao encontrar, em uma de suas crônicas, a mesma luta, ao afirmar que você se entrega ao devaneio:

mas, sem jamais deixar que ele me leve até as últimas águas. Mas o esforço em nadar contra a doce corrente tira parte de minha força vital. E, se lutando contra o devaneio ganho domínio da ação, perco interiormente uma coisa muito suave de ser e que nada substitui. Mas um dia hei de ir, sem me importar para onde o ir me levará.

O mesmo aconteceu comigo até um certo ponto da vida. Ultimamente, tenho me deixado ir "para onde o ir me levará", mas isso é assustador, porque me deixa solta como folha ao vento, sem nenhuma raiz ou fio que me devolva ao mundo concreto.

Clarice, tenho curiosidade de saber se você não chegou a soltar-se de todo porque, sendo mãe, não era tão livre quanto eu. Ou terá sido, simplesmente, porque sua vida não foi tão longa quanto está sendo a minha?

Há uma outra razão, a que li uma vez citada, cujo nome do autor me escapa, por não tê-lo anotado na hora: "Não se saberia adquirir o conhecimento intuitivo de um outro universo sem sacrificar uma parte do entendimento que nos é necessário no mundo presente".

Mas, se o mundo nos machuca tanto, substituí-lo por um outro universo não seria uma questão de sobrevivência?

Às vezes sinto uma clareza tão grande que me anula como pessoa atual e comum: é uma lucidez vazia, como explicar? Além do quê: que faço de minha lucidez? Sei também que esta minha lucidez pode-se tornar o inferno humano — já me aconteceu antes. Pois sei que — em termos de nossa diária e permanente acomodação resignada à realidade — essa clareza de realidade é um risco. Apagai, pois, minha flama, Deus, porque ela não me serve para viver os dias. Ajudai-me a de novo consistir dos modos possíveis. Eu consisto, eu consisto, amém.

Rogo o mesmo quando a lucidez me põe de tal forma em contato com o vazio, que o medo de enlouquecer faz com que eu entre em pânico, querendo voltar ao terreno familiar do dia-a-dia.

Em outro texto, você diz:

Renda-se, como eu me rendi. Mergulhe no que você não conhece como eu mergulhei. Não se preocupe em "entender". Viver ultrapassa o entendimento.

Na verdade, é isso que muitas vezes tento fazer. Entretanto, nem sempre consigo.

A essa altura você já deve ter percebido que meu interesse em desvendar sua alma é, na verdade, para desvendar a minha — tão contraditória quanto, às vezes, parece ser a sua.

Ah! Como a compreendo.

Redescoberta

Estou há um longo tempo aqui no sítio, sem ter ninguém com que dialogar. Por isso resolvi, finalmente, atender ao convite que Graça, uma excelente livreira de Nova Friburgo, me fez, há tempos, para comparecer à Roda de Poesia que realiza uma vez por semana em sua livraria.

O que me impedia de ir era o horário das dezenove e trinta, já início da noite. Desde que vivo aqui, tornei-me absolutamente diurna.

Ontem agi estrategicamente, transferindo para o período da tarde tudo que costumo fazer pela manhã, como resolver questões bancárias ou a compra de algum material. Assim, em vez de voltar para casa, fui direto à livraria onde fiquei folheando as novas publicações até que a roda começasse. Reencontrei-me com as páginas dos melhores poetas brasileiros e estrangeiros e conheci pessoas com as quais pude reconhecer afinidades.

A cada nova semana me apaixono por um poema e permaneço horas remoendo-o em voz alta, não só para decorar como para saborear a musicalidade das palavras. Isso reavivou em mim algo que eu pensava extinto: o prazer de interpretar.

Interpreto-as para mim mesma, quando não na roda e, algumas, tenho gravado em CD, a exemplo do que já fiz com as poesias de Vinícius de Moraes e um conto de Carlos Drummond de Andrade para a coleção Poesia Falada, que meu amigo Paulo Lima produz.

Como nunca me ocorreu a ideia de fazer um espetáculo apenas com interpretação de poesias selecionadas, quando atuava no teatro?

Ah!, sim, meu pavor do palco.

Um outro mundo é possível

Semana de total reviravolta. Saio da toca para ir a Porto Alegre, a convite do grupo de estudos budistas Via Zen, que se apresenta no Fórum Social Mundial com oficinas, palestras e práticas de paz. Este ano, o tema é "Um outro mundo é possível".

Sem verba para mais do que enviar-me a passagem aérea, hospedam-me na residência de um jovem casal budista, ambos médicos, onde sou generosamente acolhida.

Antes mesmo de desfazer as malas, sou levada por eles até o centro da cidade, onde está concentrada a grande manifestação popular. De repente, me vejo em meio a uma marcha de mais de cinquenta mil pessoas, de todas as categorias sociais, fazendo-se anunciar por intermédio de faixas, cartazes e bandeiras. Nos edifícios da avenida, inumeráveis pessoas se postam às janelas, aplaudindo e exibindo símbolos de paz. Impressiona-me constatar que não há o menor indício de arruaças. Apesar do som dos alto-falantes, apresentando as reivindicações dos manifestantes, o que há no ar é uma poderosa irradiação de solidariedade, como a confirmar que, de fato, "um outro mundo é possível".

Lembrei-me da última passeata da qual participei, em 68, quando muitas palavras de ordem eram ainda calcadas em ódio e vingança, como as do tipo "somente a luta armada derruba a ditadura".

Ali em Porto Alegre, assistindo às conferências e debates de representantes vindos de todos os países para se juntarem aos do nosso, me dou conta do longo tempo necessário para que viceje, no plano coletivo, a utopia de alguns poucos indivíduos. Muitos anos já se passaram desde que a primeira onda de movimentos alternativos surgiu no Brasil.

Lembro-me de quando, com o meu companheiro de então, descontentes com o consumismo e o artificialismo desenfreados das grandes cidades, deixamos o Rio para viver perto do campo. Era tão raro encontrar alguém com quem partilhar nosso sonho de uma vida mais natural e humana, que chegamos a considerar se, de fato, não havíamos "pirado", como sugeriam os amigos "realistas".

Se não conseguimos realizar tanto quanto pretendíamos, por não serem ainda favoráveis as condições, tenho agora a satisfação de ver que muitos de outras gerações o estão fazendo.

Sonho 3

Por dever, tenho que assistir a um show, desses que abomino devido à estridência sonora.

Meu desagrado e desconforto me impelem a sair, mas algo me obriga a permanecer a fim de "encarar" a realidade do mundo.

Ao final do show, quando toda a plateia, alvoroçada, começa a retirar-se, vejo uma fileira inteira de poltronas ainda ocupadas por pessoas de aparência diáfana como a dos anjos. Vejo-as de costas enquanto se levantam e se organizam para sair. Parecem esperar que a plateia esvazie para, então, saírem calmamente.

Estranho muito elas estarem nesse lugar e a sensação que isso me passa é a de que, mesmo no meio do tumulto, podem surgir novas criaturas pacíficas, harmoniosas, e que a tendência é elas se multiplicarem até que a paz se estenda a todos os habitantes da Terra.

Sabedoria louca

Saboreio por estes dias o livro *Crazy Wisdom* (Sabedoria louca), do americano Wes Nisker, que um amigo enviou-me da Califórnia. Diz o autor:

Sabedoria louca é oposta à sabedoria convencional — a que se baseia na vida sem inspecionamento, absorvida na cultura e na moda de seu tempo, perdida na tola corrida da acumulação, embalada até o sono pelas cantilenas políticas, ou dos jornais ou da propaganda. Sábios loucos, portanto, são aqueles que vivem alheios à escala comum do julgamento humano e, por isso, são tidos como ameaça aos poderes constituídos. A arte, o protesto, a santidade, o tea-tro guerrilheiro, são formas comumente usadas pelos sábios loucos para desafiarem o establishment; outros preferem ir viver nas montanhas para ter uma vida simples, longe da insanidade das instituições e dos desatinos da turba.

A menção à santidade, dentro do que Nisker considera sabedoria louca, faz-me lembrar de um episódio ocorrido quando eu era jovem e vivia um período conturbado. Estava hospedada na casa de uma amiga, enquanto convalescia de uma cirurgia, e, tendo que permanecer deitada durante vários dias, as horas custavam muito a passar. Pedi então a ela que me desse alguns livros para ler. Embora fosse uma pessoa de posses, biblioteca não fazia parte de seu mundo. O único livro que havia na casa, disse ela, passando-o às minhas mãos, não sabia como tinha ido parar ali. Quando vi o título *Os santos que abalaram o mundo*, desanimei. Naquele tempo, o que menos eu queria saber era de santos — gravados que estavam, em minha cabeça, como pessoas maçantes que impunham um catecismo que, na minha infância, só havia plantado culpas e medos. Porém, como não havia nenhum outro, comecei a folhear o livro. À medida que o lia, mais me entusiasmava, porque descobria nos santos manias ou neuroses diante das quais as minhas pareciam irrelevantes. Lembro-me do consolo que me deu a leitura e da minha conclusão ao terminá-la: os santos foram pessoas extraordinárias, inconformistas geniais que levaram suas peculiaridades às últimas consequências. Se houvesse psicanálise naquela época, provavelmente teriam tomado outro rumo, o que explica, aliás, o fato de não aparecerem mais santos hoje em dia.

De maneira provocativa e humorada, Nisker prossegue dizendo, em outro capítulo de seu livro, que sabedoria louca é aquela voz dentro de nós que questiona todas as nossas crenças e que "os extraordinários avanços científicos e tecnológicos deste século nos permitem conhecer como se processam certos funcionamentos, mas não respondem às nossas perenes questões: Quem somos? Por que somos? Por que as coisas são do jeito que são? Ou, até mesmo, por que elas são?".

Discordo de Nisker, no trecho em que afirma que: "Embora acreditemos que algumas tradições espirituais conduzam ao autoconhecimento, não podemos nos conhecer por completo, pois é impossível ver a exata natureza de uma caixa quando você está dentro dela".

A meu ver, esse parecer está limitado pela racionalidade ocidental do autor, já que algumas tradições espirituais do Oriente têm como meta, justamente, libertar o homem da caixa.

Sabedoria louca seria, na verdade, o que os místicos sempre definiram como a sabedoria que ultrapassa os limites da lógica, da razão. No Ocidente, essa ultrapassagem vem sendo feita também pela física, que comprova ser a realidade subatômica tão paradoxal que não pode ser descrita com palavras do nosso vocabulário, o qual está restrito unicamente ao campo da razão, da lógica. Exemplo claro disso foi a resposta dada pelo cientista Niels Bohr* a Albert Einstein quando este relutou em aceitar a teoria da física quântica: "Você não está pensando, está meramente sendo lógico".

Se os absurdos do mundo nos mostram que o paradoxo é inerente a toda a realidade, e não apenas à subatômica, talvez o melhor que se tenha a fazer seja encarar a existência não como uma questão a ser decifrada, mas como um mistério a ser vivido. E, nesse caso, caberia lembrar a história do aspirante à sabedoria que caminhou incontáveis léguas para chegar até o mosteiro onde vivia um grande mestre zen, acreditando que este iria lhe revelar o sentido da existência.

Quando, após inúmeras tentativas, foi admitido no mosteiro, observou que era regra, após as refeições, para todos os monges, inclusive o mestre, se postarem em fila diante da torneira, para cada qual lavar sua tigela. O noviço, um dia, colocou-se estrategicamente atrás do mestre, a fim de poder dirigir-lhe a palavra: "Mestre, qual é o sentido da vida?", ao que o mestre respondeu: "Lavar a tigela que acabou de usar".

---

* Niels H.D. Bohr (1885–1962): físico dinamarquês cujos trabalhos foram decisivos para a compreensão da física atômica e da física quântica. Ganhou o Prêmio Nobel de Física em 1922.

Morte temporária

Das janelas abertas para o verde que rodeia minha casa na montanha, ouço a sinfonia lá fora.

Brando farfalhar de ramas, gorjeios de pássaros, canto alucinado de cigarras.

Mais forte do que o deleite que tal beleza me causa é hoje a dor que oprime meu peito, dor da orfandade e bastardia que me acompanha desde o berço e volta a aguilhoar com seu ferrão mortal.

Estou de novo imersa na escuridão, procurando tatear a vida que quase agarrei há pouco através das janelas.

Fastio

Caminhada, ioga, preparo da refeição. Após o almoço, traduzir textos budistas, escrever para algum amigo ou para mim mesma. Ao anoitecer, meditação. Essa rotina, que tem o dom de me equilibrar e apaziguar, desde alguns dias me exaspera.

Fastio de mim, de tudo.

Faço moucos os meus ouvidos, mas sei: é a Nômade clamando por uma nova errância.

Sonho 4

Aceito fazer uma aparição num filme, mas a coisa é lenta, sem profissionalismo, esperas absurdas. Não largo o filme para não deixar o diretor em apuros. Constato a impossibilidade de voltar a um sistema assim.

Saio da filmagem para ir buscar, em meu apartamento, o sapato que usei na cena anterior; do contrário, a continuidade será prejudicada. Mas, estou sem roupa. Cubro-me com uma toalha de banho para tomar o elevador. Dou-me conta de que estou sempre em dissonância com tudo.

Devido ao transtorno ocorrido, volto para a filmagem com o mesmo sapato com que estava ao sair dela, mas decido não mais me afobar, mesmo porque os verdadeiros responsáveis pela continuidade nem irão notar.

Poesia e mística

Tenho uma amiga poeta com quem sempre gostei de trocar ideias e impressões a respeito de tudo. No dia em que lhe perguntei como encarava a morte, respondeu: "Não a temo, mesmo porque a morte não existe, pois quando estamos vivos ela não está, e quando ela está, nós não estamos".

Aprecio a naturalidade com que costuma referir-se à morte, mas surpreende-me que, sendo tão qualificada poeta, ela não tenha nenhuma espécie de fé, zombando até de quem a tem: "A miséria engorda Deus".

Até então, eu achava que os poetas eram, de alguma forma, místicos, pois desde que comecei a amar a poesia, noto que, muitas vezes, o poeta quer expressar a mesma experiência de transcendência que experimenta o místico.

Hoje, lendo uma entrevista com Adélia Prado, em um dos *Cadernos de Literatura* do Instituto Moreira Sales (IMS), vi que minha impressão sobre os poetas não era infundada. Diz Adélia, em certo trecho:

Para mim a experiência religiosa e a experiência poética são uma coisa só. Isso porque a experiência que um poeta tem diante de uma árvore, por exemplo, que depois vai virar poema, é tão reveladora do real, do ser daquela árvore, que ela remete necessariamente à fundação daquele ser. A origem, quer dizer, o aspecto fundante daquela experiência, que não é a árvore em si, é uma coisa que está atrás dela, que no fim é Deus, não é?

Creio que isso está sucintamente expresso nestes seus versos:

*A borboleta pousada
ou é Deus
ou é nada.*

Ou nestes:

*De vez em quando Deus me tira a poesia.
Olho pedra, vejo pedra mesmo.*

Seria essa a visão de minha amiga?

Outra lembrança que me vem é a do poeta Allen Ginsberg* quando, numa entrevista, pediram-lhe que falasse sobre o retiro budista de que havia participado, sob orientação do mestre tibetano Trungpa Rinpoche**. Ginsberg disse que, ao se apresentar, Trungpa instruiu-o a não escrever durante os dias de retiro, e que só compreendeu o porquê de tal instrução quando seguiu-a pela primeira vez. Sentiu então: "Ah! que alívio. Não preciso transformar este pôr-do-sol natural em uma obra de arte. Posso simplesmente estar aqui saboreando-o sem me preocupar com nada; posso arrancar de meu ombro esse velho mico de ter que ser poeta".

Descobriu que seu hábito compulsivo de agarrar o primeiro indício de qualquer experiência estética para transformá-la em poema impedia-o de vivê-la.

Associei esse seu parecer aos versos de Leminsky:

Aqui jaz um grande poeta.
Nada deixou escrito.
Este silêncio, acredito,
São suas obras completas.

Ou então aos versos de Drummond:

Tarde a vida me ensina
Esta lição discreta:
A ode cristalina
É a que se faz sem poeta

---

* Allen Ginsberg (1926–1997): poeta norte-americano da "geração beat", teve o guru tibetano Rinponche como seu mentor pessoal. (N. E.)

** Trungpa Rinpoche (1939–1987): considerado um ser iluminado pelos tibetanos. Em 1959, devido à invasão do Tibete pelos chineses, foi obrigado a exilar-se. Atravessou o Himalaia liderando um grupo de 300 pessoas por quase um ano, a maioria foi capturada pelos chineses. (N. E.)

Sonho 5

Estou dentro de um ônibus com um grupo de mulheres.

A um certo momento vejo que o ônibus tomou um caminho errado. Aviso o motorista. Ele diz que de fato havia se enganado e por isso precisávamos continuar a fazer o percurso a pé.

Desço por último, mas logo me lembro de ter deixado o tênis no ônibus que já está indo embora.

Saio correndo e consigo detê-lo. Quando vou subir, o motorista aponta para meus pés mostrando que estou com o tênis calçado. Olho e verifico que ele tem razão.

Atravessando o deserto

Mal sei como conduzir-me na vida
Com este mal-estar a fazer-me pregas na alma!
Se ao menos endoidecesse deveras!
Mas não: é este estar entre,
Este quase,
Este poder ser que...

Álvaro de Campos

De novo a aridez absoluta.

Estou em pleno deserto, me contorcendo de angústia, eu que, muitas vezes, penso já tê-lo atravessado por inteiro.

Finitude

Resta esse coração queimando
Como círio numa catedral em ruínas

Vinícius de Moraes

    Sinto, neste exato momento, a energia vital de meu corpo esvair-se como chama de vela prestes a extinguir-se.
    Desespero?
    Não. Constatação do processo do existir.
    Seria este o sentimento que um dia captei, num relance, no olhar do nosso amado poeta Vinícius – tempo em que, ainda em pleno vigor de meus anos, só tinha ouvidos para seus poemas românticos?

Velhice

Esta penumbra é lenta e não dói;
Flui por um manso declive
E se parece à eternidade.
[...]
Tudo isto deveria atemorizar-me
mas é uma doçura, um regresso.

Jorge Luiz Borges

Terá sido só gripe?
Não só. Vi hoje no espelho que foi desproporcional o estrago causado em meu rosto: novas rugas, entranças, inchaços, visão embaçada.
A velhice parece, enfim, ter fixado bandeira no território de minha carne. Sinal de que, doravante, avançará executando com rigor a última etapa da dança de Shiva – a da destruição.
No entanto, está sendo menos difícil assistir a ela do que imaginava. Se outrora dependia do aspecto físico para atrair o amado e, fundindo meu corpo ao seu, pudesse experimentar o sabor da transcendência, ainda que por breves instantes, hoje a alcanço sempre que, em contemplação, me dissolvo no todo que é Deus, como convencionou-se chamar o inefável.

Que foi feito das mulheres de minha geração?

Fiz-me hoje essa pergunta e me lembrei de que já a fizera há mais de dez anos. A curiosidade me levou a procurar o que escrevi a respeito na ocasião.

Em minha juventude, fora duas grandes amigas, eu era bastante discriminada pelas mulheres, pelo fato de não seguir a regra usual que era a do casamento legal ou a de ter um mantenedor ou "coronel", como se dizia.

As que se encaixavam dentro da primeira regra viam-me como uma ameaça à sua estabilidade conjugal, principalmente depois que me tornei atriz; as que se encaixavam na segunda, me viam como otária por não assegurar meu futuro através de um mantenedor.

O que elas não conseguiam perceber é que eu buscava a independência e liberdade de viver, segundo meus critérios e não os ditados pela farsa estabelecida, dentro da qual, evidentemente, havia exceções.

Por esse motivo, minhas amizades eram geralmente masculinas. Por terem o mesmo espírito de liberdade que eu, os homens me compreendiam melhor desde que, claro, não tivessem nenhuma ligação amorosa ou erótica comigo, porque, nesse caso, viravam machões ferozes e ameaçadores.

Apesar da hostilidade das mulheres, eu não as via como inimigas, mas como "belas adormecidas". Eu, simplesmente, havia despertado mais cedo e por isso tinha que assistir ao alvorecer sozinha.

Para minha grande surpresa, quando foi publicado meu primeiro livro, *Eu nua*, em 1975, essas mesmas mulheres, as que o leram, passaram a demonstrar uma tácita solidariedade para comigo.

Mas, a essa altura, haviam se passado mais de vinte e cinco anos; elas haviam cumprido os papéis que a sociedade lhes destinava e, agora, com os filhos crescidos e encaminhados, se viam soltas como eu, uma vez que, na maioria dos casos, seus maridos ou "coronéis", seguindo a regra latino-americana, trocavam-nas por mulheres mais jovens. Só então devem ter entendido que eu havia apenas me precavido.

Contudo, minha liberdade teve seu preço: ausência de segurança e comodidade e a dolorosa tarefa de me refazer emocionalmente cada vez que uma ligação amorosa terminava espontaneamente, como começara.

Com o decorrer do tempo, comecei a me perguntar se havia de fato conquistado a liberdade ou apenas o direito de trocar de homem, visto que dependia sempre de um para ser feliz. Liberdade não seria a capacidade de ser feliz pela simples razão de existir e não por ter alguém ou algo?

A busca de resposta para minha nova indagação exigiu um preço ainda maior: desta vez, o de jogar fora a diretriz que havia me norteado até então e me dedicar à tarefa de criar um novo referencial de vida. Do contrário, a exemplo do que acontece no computador, se não for colocado nele um novo disquete, o velho continuará a se repetir mesmo que seus dados não sirvam mais a nossos propósitos.

A tarefa foi muito difícil e longa, mas trouxe uma valiosa recompensa: fez-me encontrar uma companhia que, até então, desconhecia: eu mesma. E compreendi que, daí em diante, qualquer parceiro que surgisse ocuparia seu lugar como tal e não mais como o de única razão de meu viver.

Bem, mas o que foi feito das mulheres da minha geração, agora que já se passaram outros tantos anos? Minha observação mostra que parte delas submeteu-se ao descarte que lhes é reservado na velhice e, assim, devem ter se entregado à nostalgia. Outras apelaram para a batalha inglória de lutar contra o tempo e correr atrás da juventude através de artifícios. As mais perspicazes, e essas parecem ser em maior número, despertaram e substituíram o antigo disquete em sua mente por outro mais atualizado, descobrindo, assim, novas janelas.

As que tiveram esse tino se dão melhor com a vida agora do que quando estavam em plena forma física. Entenderam que esta é efêmera e trataram de cultivar as excelências interiores, estas, sim, imperecíveis. Com ou sem companheiros, aprenderam a administrar a vida e a encarar o tempo livre não como um vazio tedioso, mas como uma oportunidade para se aprimorar como pessoas.

Por isso, nos *workshops* e seminários destinados à evolução da consciência, a presença da mulher é sempre maior do que a do homem, o que reforça a afirmação de Fritjof Capra, em seu livro *Ponto de mutação*, de que a força feminina, até há pouco adormecida, é uma das mais potentes alavancas que está impulsionando o mundo para uma nova ordem.

E os homens de minha geração? São eles agora que me olham com desconfiança por não termos mais nada em comum a não ser a idade cronológica. Havendo eles ocupado na sociedade uma posição sempre vantajosa e cômoda, não tiveram que saltar barreiras e assim ampliar o seu campo de visão, como tiveram que fazer as mulheres.

Santuário

Outro dia, sem nenhuma tarefa ou dever a cumprir, resolvi ir até um pequeno mosteiro beneditino que fica a uns vinte quilômetros de meu sítio. Tinha vontade de reviver a atmosfera de paz que senti quando da primeira vez em que lá estive. Havia também o pretexto de devolver alguns livros que o prior me emprestara e o desejo de ver se ele teria outros de meu interesse.

O local é de uma natureza selvagem, fortíssima, bela. A arquitetura do mosteiro lembra bem a dos tempos medievais, embora em escala diminuta. Ao me aproximar da entrada para chamar alguém, ouvi, vinda da capela, a oração coletiva dos monges. Foi como uma bênção para minha alma. Então, no mundo cuja conturbação, confusão e barulho por si já são uma violência para meus sentidos, há criaturas que se reúnem para orar e entrar em contato com outra dimensão da realidade?

Fiquei um tempo ouvindo e, quando toquei a sineta junto à porta para anunciar minha chegada, apareceu um jovem monge a quem pedi que chamasse o prior. Alguns minutos depois ele me recebeu, como da outra vez, no parlatório. O jovem prior pareceu-me mais amadurecido e mais aberto do que anteriormente, ocasião em que percebi que não poderia dialogar como pretendia, por ser ele alguém imbuído do dever de doutrinar e, portanto, refratário a questionamentos, principalmente os do tipo que eu pretendia fazer.

Parecia menos circunspecto e fiquei surpresa por ele se lembrar de que eu era tradutora de textos budistas sem se mostrar, por isso, como da outra vez, um tanto escandalizado, para não dizer indignado. Senti-o mais propenso à discussão. Contudo, tivemos uma troca não mais do que razoável, pois ele, naturalmente, está aferrado aos dogmas da Igreja Católica.

Foi muito gentil, e o simples fato de se dizer à minha disposição para qualquer ajuda já foi suficiente para me sentir menos desterrada. A pureza, a transparência que ele e todo o ambiente transmitiam trouxeram-me alento. Conversamos, até que um outro jovem monge veio chamá-lo. Pela sua expressão, pude sentir o quanto era inusitado aparecer alguém de fora ali. Antes de nos despedirmos, o prior convidou-me para assistir na capela à oração das cinco horas da tarde, para a qual o monge viera buscá-lo.

Ouvi como se fosse um sonho o canto gregoriano cantado por ele junto aos cinco monges ali residentes.

Saí reconfortada e, a caminho de casa, concluí que minha atração por mosteiros deve-se ao fato de neles serem preservados os valores essenciais da existência. Mas, mesmo esses santuários de preservação da dignidade humana estão, aos poucos, se extinguindo. As vocações são cada vez mais escassas. Tudo indica que já é tempo de cada qual criar seu próprio santuário interior. E é isso que me cabe continuar fazendo, o que é mais difícil do que para os monges de uma ordem, que têm todo um ambiente e uma instituição nos quais se apoiam.

Verde coração

Nada é capaz de deter a marcha do tempo, constatei ao encontrar hoje, perdidas entre papéis de bancos, as anotações que fiz quando estive há alguns anos em São Paulo, cidade onde nasci, visitando velhos amigos:

"Estou em São Paulo, sentada na poltrona de uma agência bancária, em plena avenida Paulista, à espera de que o sistema de computação volte a funcionar. Vejo, na calçada oposta, a mansão dos Matarazzo com seus amplos jardins e viajo pelos áureos tempos em que esta avenida era uma sucessão de ricos palacetes em cujo centro pulsava um verde coração: o bosque do parque Siqueira Campos, no Trianon.

Foi no início de minha adolescência que descobri o aristocrático bairro residencial, tão diferente daquele em que eu vivia. Encantei-me com o bosque tomando todo um quarteirão da grande avenida, margeada por belos palacetes com amplos jardins.

Havia domingos em que ia sozinha de bonde até lá. Saltava no início da avenida e ia andado a pé, para melhor observar a arquitetura dos palacetes, imaginando como se desenrolaria lá dentro a vida daquelas pessoas. Ao penetrar no bosque, andava por suas alamedas estreitas, onde a luz, filtrada pelas altas copas das árvores, criava uma atmosfera etérea de sonho. Sentava-me em um dos bancos e imaginava-me vestida como Scarlet O'Hara – heroína do filme *E o vento levou* – nos espaços entre as árvores, dançando uma valsa vienense nos braços de Ashley, personagem vivido por Leslie Howard, ou de Ret Butler, interpretado por Clark Gable.

Muitos anos se passaram desde então. A avenida Paulista agora é uma sucessão de imponentes arranha-céus, muitos deles admiráveis pela bela arquitetura. Mas, basta. Qualquer edifício a mais ultrapassará o limite e sufocará a avenida.

Antes de chegar à agência bancária, passei em frente ao bosque – na verdade, parque Siqueira Campos – e tive a satisfação de ver que, embora menos cuidado, ele não havia sido devastado para dar lugar a uma selva de pedra. Mas chocou-me ver as grades de ferro que agora o cercam, amargo testemunho da violência e do vandalismo dos dias atuais.

O que seria da avenida sem o bosque e sem o vão sob a estrutura do Museu de Arte de São Paulo (MASP), através do qual se pode ainda avistar toda a Paulicéia lá embaixo? Não seria digna de aparecer nos postais da cidade.

Volto a atenção para o momento presente e vejo a agência bancária apinhada de gente transpirando de calor, impaciência e irritação – não podem dar prosseguimento a seus afazeres enquanto os computadores não voltarem a funcionar. Sempre achei que um colapso desse gênero, em escala global, é que vai provocar o tão temido apocalipse.

Alguém comenta que o processo de tombamento da mansão dos Matarazzo está paralisado na Justiça. Seria imperdoável se a avenida perdesse esse belo respiradouro para dar lugar a mais um bloco de concreto ou, então, que a mansão fosse alugada a um Mc Donald's, a exemplo do que foi feito com um dos palacetes remanescentes na avenida.

Não sou contra a marcha do tempo, desde que leve em conta o respeito aos cidadãos e às gerações futuras. Para a urbanidade sobreviver, é necessário que haja equilíbrio entre as obras do homem e as da natureza. Creio mesmo que isso determina a vida ou a morte de uma área, rua ou cidade. Tive uma comprovação disso ontem, quando resolvi ir a pé da alameda Campinas até a praça Osvaldo Cruz, aonde precisava chegar. A certa altura, cansada, achei que não poderia continuar. Já me preparava para tomar um táxi, quando avistei uma antiga mansão rodeada por amplos jardins. Aproximei-me e vi, à sua entrada, a placa Casa das Rosas – o palacete tinha sido transformado em Centro de Arte e Cultura. Entrei em seu pátio ajardinado e, depois de voltear entre canteiros floridos, sentei-me em um dos bancos. Revigorou-me como se tivesse dado um mergulho no mar.

A antiguidade da mansão contrastava harmoniosamente com a ultramodernidade do edifício ao fundo, salientando a qualidade estética de ambos.

Por essas e outras razões, seria imperdoável a derrubada da mansão Matarazzo, testemunho vivo de uma das épocas mais marcantes da história da cidade de São Paulo".*

---

* Soube algum tempo depois que a mansão foi implodida e o terreno serve hoje para estacionamento de carros. (N. A.)

Sonho 6

Volto a Muri* depois de uma viagem ao exterior. Ao penetrar no jardim, avisto, mais adiante, minha casa: todas as suas portas e janelas estão escancaradas, ela foi saqueada.

Caminho em direção a ela lamentando não ter sido mais cuidadosa quanto à sua vigilância.

No entanto, não desespero, pois logo me lembro de que não há nada dentro dela que não possa ser levado.

---

* Muri é um dos distritos de Nova Friburgo (RJ). É a principal porta de entrada para a cidade e ponto de passagem obrigatório para quem se destina a Lumiar e São Pedro, cidades turísticas da região. (N. E.)

Não é bem assim

Sempre que é publicada alguma notícia a meu respeito, a primeira coisa mencionada é que deixei de ser atriz depois de ter me convertido ao budismo. Na verdade, foi o contrário. Depois de ter me afastado da vida pública é que encontrei o budismo, por dispor de tempo para descobrir novos horizontes, através de leituras, viagens, pessoas.

Em primeiro lugar, no budismo não existe conversão, mas sim um caminho orientador para o indivíduo que almeja um sistema de vida que privilegie os valores essenciais da existência. Depois, não é preciso que alguém deixe sua profissão para praticar o budismo. Este pode ser exercido em qualquer lugar ou situação, mesmo por pessoas que pertençam a outras tradições culturais ou religiosas.

Já havia batido em várias outras portas antes de encontrar o budismo, no qual me detive por ser o que mais responde às minhas necessidades e questionamentos.

Uma das coisas que me atraiu nessa filosofia de vida foi o seu primeiro preceito, por afinar-se perfeitamente com meu espírito de liberdade: "Não idolatre nem se apegue a nenhuma doutrina, teoria, dogma ou ideologia, nem mesmo às budistas. Os sistemas de pensamento devem servir como um meio para guiá-lo e não como verdade absoluta".

O budismo não se julga o único detentor da verdade, e sim um veículo que permite àquele que busca chegar à outra margem do rio. Uma vez alcançada essa travessia, o indivíduo deve se desprender do barco – do contrário, em lugar de libertar-se, estará se prendendo a outro conceito.

Geralmente acham estranho que, tendo sido criada no catolicismo, eu possa me afinar tão bem com uma tradição oriental. Mas devo dizer que a forma como o catecismo católico me foi passado só incutiu ameaças e culpas em minha mente infantil, extremamente sensível. Isso me causou enorme sofrimento psíquico e gerou neuroses que só foram amainadas quando, já adulta, me submeti a dez anos seguidos de psicanálise diária.

No início dos anos oitenta, vivi durante quatro anos estudando no San Francisco Zen Center, comunidade budista da Califórnia. A instituição possui uma biblioteca imensa com livros sobre todas as religiões e filosofias do mundo, além de literatura clássica. Um dia, peguei numa de suas estantes a Bíblia Sagrada e, lendo-a pela primeira vez, tive a surpresa de reconhecer nas palavras de Cristo as mesmas mensagens de Buda, ainda que com diferente terminologia e simbologia. Ou seja, descobri que Cristo era um libertador amoroso, e não o perseguidor implacável que me fora transmitido na infância.

Ao ler, anos depois, os evangelhos gnósticos, concluí que o cristianismo original havia sofrido deturpações ao longo dos séculos, por manipulação de poderes constituídos, como acontece com os ensinamentos de outras tradições também.

Curioso é que, agora, muitos estranham que, sendo eu budista, possa me entender perfeitamente com Leonardo Boff e Frei Betto*, e participe de um grupo de oração e reflexão coordenado por este último.

Ora, isso acontece porque, ao conhecê-los, vim a entender o que queria dizer algo que ouvira há tempos da boca do mestre Thich Naht Hanh: "Só entendemos o cristianismo quando encontramos um cristão que verdadeiramente incorpore os exemplos de vida deixados por Cristo, assim como só entendemos o budismo quando encontramos um budista que realmente incorpore os ensinamentos deixados por Buda".

Por sinal, Thich Nhat Hanh guarda um painel com fotos de seus ancestrais e mestres uma bela imagem de Jesus Cristo, tendo até escrito dois livros: *Jesus e Buda como irmãos* e *Vivendo Buda, vivendo Cristo*.

Por outro lado, vim a saber que tanto Leonardo Boff quanto Frei Betto já conheciam a mensagem desse grande pacifista que é o mestre budista Thich Nhat Hanh, por meio de seus numerosos livros publicados no Brasil, a maioria dos quais tive o privilégio de traduzir.

Essa convergência me evoca a declaração que li, há quase trinta anos, do historiador Arnold Toynbee**, segundo a qual o próximo passo evolutivo da humanidade se dará com a fusão do pensamento do Oriente com o pensamento do Ocidente.

Faz-me lembrar também da resposta dada por Murillo Nunes de Azevedo***, quando lhe perguntaram como via as diferentes vertentes religiosas do mundo:

"São como diferentes rios que perdem a identidade ao atingir o oceano".

---

* Leonardo Boff e Frei Betto, teólogos, são dois grandes expoentes da Teologia da Libertação no Brasil. (N. E.)

** Arnold Toynbee (1899–1975): historiador inglês cuja obra mais importante é *Um estudo de História*, em 12 volumes, na qual investiga a origem, desenvolvimento, apogeu e queda das civilizações, porém sob uma perspectiva global. (N. E.)

*** Professor de Psicologia da PUC do Rio de Janeiro, tradutor dos primeiros livros de Aldous Huxley e de Allan Watts no Brasil, sendo ele mesmo autor de vários, entre eles *O pensamento do Extremo Oriente* e *O caminho de cada um*. (N. A.)

Vida monástica?

Cheguei há poucos dias do mosteiro de Thich Nhat Hanh*, no sul da França, onde o mestre vive exilado desde a guerra do Vietnã.

Desde que estive lá, pela primeira vez, há uns dez anos, a comunidade cresceu muito. A maioria dos monges e monjas é de jovens vietnamitas órfãos de guerra, abrigados e educados por Thay, como o mestre prefere ser chamado. Mas há também os que vieram de outros países, como Estados Unidos, Alemanha, Itália, França e Portugal, para ali se ordenar e viver.

Fui para um curso de vinte dias, ao qual compareceram cerca de seiscentos participantes, vindos de países estrangeiros, até mesmo de Israel e da Palestina. Devido à grande procura, muitas acomodações tiveram de ser improvisadas.

Findo o curso, permaneci por mais duas semanas, para vivenciar a rotina normal do mosteiro, com a intenção de, talvez, ali me fixar.

Mas deu para sentir que, além de não querer viver fora de meu país, habituei-me demais à vida solitária. Isso me faz refletir sobre a importância que Thay sempre dá ao estar-se ligado a uma *sangha* (comunidade ou grupo de pessoas que trilham o caminho dos ensinamentos budistas) para, assim, cada um poder contar com o apoio dos demais.

Cheguei a formar, há tempo, uma *sangha* — ainda que apenas em determinados fins de semana, aproveitando o amplo espaço de minha casa na montanha. Mas deixei de fazê-lo após dez anos, por cansaço físico e falta de tino administrativo, passando, então, a traduzir para o português textos budistas.

Mas eis-me de novo às voltas com a ideia de viver num mosteiro. Por que persiste ainda essa ideia se já levo uma vida quase de monja, voltada apenas para o essencial? Se é válida a importância de estar ligada a uma *sangha*, igualmente são válidos os dizeres inscritos à entrada do mosteiro Tassajara, na Califórnia, onde estagiei por seis meses:

---

* Thich Nhat Hanh é monge budista, pacifista e escritor vietnamita. (N. E.)

*Este local se destina à prática do caminho do meio.
É importante retirar-se da vida comum cotidiana
por um período para dedicar-se à prática fundamental
do zen, mas, quando o caminho tiver sido
interiorizado, sua prática pode continuar a
ser feita em qualquer lugar ou hora.*

Devo considerar também que o próprio Thomas Merton, após ter vivido mais de vinte anos na Ordem Cristã da Trapa, passou a intimamente se questionar quanto à validade de continuar em seu mosteiro. Isso, entre outras razões, porque, mesmo tendo já escrito inúmeros livros sobre a fé cristã, quando começou a estudar o fundamento de outras religiões e a escrever sobre elas, como o fez em seus livros *Sábios e mestres zen*, *Aves de rapina* e *Diário da Ásia*, passou a ser hostilizado por alguns setores de sua ordem.

Em 1968, Merton foi a Bancoc para participar da conferência "Marxismo e perspectivas monásticas". Na conferência, Merton abrira para debate sua tese de que "enquanto o marxista reivindica a mudança nas subestruturas econômicas, o monge procura mudar a consciência do homem, já que percebe serem fraudulentas as relações do mundo". Sugeria que ambos os lados discutissem entre si a fim de reconhecer o que de melhor e mais verdadeiro cada um tem a oferecer para chegarem a um acordo que respondesse às atuais necessidades.

Mas não pôde levar adiante seu debate por ter sido vitimado, durante um intervalo, por um choque elétrico ao ligar um ventilador precário logo ao sair do banho com o corpo ainda molhado.

Foram tantas e tão vertiginosas as mudanças ocorridas no mundo depois de sua morte, que a curiosidade de saber qual seria a postura de Merton diante delas não se apaga em mim, muito embora tenha tido a sorte de vir a conhecer, seja por meio de livros ou de contato pessoal, alguns outros igualmente admiráveis e respeitáveis pensadores.

Estarrecimento

Depois de quarenta dias fora, sem ler jornal – Ai de mim! –, acabo de ler notícias estarrecedoras de corrupção e violência, até mesmo uma de esquartejamento. Caio no abismo.

Como fazer parte de um mundo a cada dia mais hediondo?

Tentarei sobreviver ao naufrágio, segurando-me à única boia que se me apresenta neste momento: escrever a reportagem, que me foi encomendada, sobre Plum Village, mosteiro/comunidade de onde acabei de chegar: ela dará um testemunho vivo de que a convivência solidária e respeitosa entre os homens e todas as demais formas de vida é possível.

A falência das palavras

Tento encontrar explicação para minha atual secura de palavras, mesmo que seja para redigir uma carta a algum amigo – aliás, quem responderia a não ser por *e-mail*? A virtualidade não aquece meu coração; antes, o gela, como se o destinatário se escondesse atrás de uma muralha intransponível.

De resto, para que escrever se tudo já foi escrito? Se nem mesmo as palavras iluminadas dos maiores sábios e profetas desde o início da História serviram para mudar o rumo desumano tomado pelo homem?

"Somos os homens ocos/Os homens empalhados/Uns nos outros amparados/O elmo cheio de nada. Ai de nós!", resumiu T. S. Eliot* em um verso.

Felizes dos que ainda creem que suas palavras estarão preenchendo o "elmo cheio de nada".

No entanto aqui estou, mais uma vez, querendo comunicar-me através das palavras, ciente de que não passa de mais uma tentativa de fugir da carência de calor humano que me afeta neste momento.

Ai de mim.

Mas sei que, mais convincente e eloquente que todas as palavras que alguém possa dizer ou escrever, é ela ser aquilo que de fato deveria ser.

---

* T. S. Eliot (1888–1965): poeta, dramaturgo, crítico e ensaísta, nasceu nos Estados Unidos e mudou-se para a Inglaterra em 1914. Sua obra é marcada pela poesia francesa, em particular o simbolista Charles Baudelaire. (N. E.)

Posta em sossego?

De repente cessou a ideia de viver num mosteiro. A aceitação de mim como sou.

Como é possível gozar esta plenitude mesmo ocupada com tarefas que não passam de triviais?

Nenhum apelo em buscar algo diferente em algum outro lugar ou mesmo de ser alguém melhor do que sou.

Não mais a veleidade de querer mostrar que sou capaz de produzir coisas que recebam aprovação ou admiração dos demais.

Nem mesmo a eterna cobrança que me faço de ser mais útil à coletividade, mais do que me é possível. Basta continuar a ser honesta, íntegra e coerente com meus princípios que o estarei fazendo, ainda que infimamente. E não é de mínimos que se faz o máximo?

Tampouco a mais remota ilusão de supor que é em situações especiais que se encontra a felicidade. Ela pode ser encontrada nas coisas simples e essenciais da existência.

Por quanto tempo, desta vez, durará este estado?

Já não importa a duração, mas sua experiência, que vivenciada mesmo por alguns instantes, justifica todo um viver.

Diálogo com a morte

Dialogar com a morte? Coisa mais mórbida!

No entanto nada é mais íntimo da vida que a morte, e dialogar com uma é o mesmo que dialogar com a outra.

Se a morte é inerente a toda e qualquer existência, por que o homem há de temê-la tanto?

Por que mesmo que esteja em grande dor, física ou psíquica, ninguém quer se entregar quando ela vem em seu socorro?

Por que, pelo menos no Ocidente, ela é tida como inimiga a ser derrotada e evitada a qualquer preço?

Não a vejo mais assim. Há momentos em que até a aspiro, como quando me dou conta de que por estar vivendo por tanto tempo, tudo o que o mundo oferece já me foi dado experimentar e continuar nele se torna um enfadonho *déjà-vu*.

Nesses momentos encaro-a como uma irmã que vem ao meu encontro para me levar de volta ao verdadeiro lar, o lar de todos e de tudo – ventre cósmico gerador de todas as coisas que existem e para onde todas elas retornam.

Sonho 7

Com uma câmera fotográfica na mão, procuro bater a foto de uma determinada imagem.

Porém, na câmera não há o visor que limita o campo de visão. Assim, tudo o que existe ao redor aparece na câmera, de modo que, para enquadrar uma imagem específica, tenho que fazê-lo através da imaginação.

SEGUNDA PARTE

Se é verdade que vivi tanto tempo em plena contemplatividade, é verdade também que a Nômade em mim irrompia intempestivamente de vez em quando, exigindo que eu fizesse exatamente o oposto: que eu viajasse para os lugares mais exóticos e longínquos da Terra a fim de conhecer novas paisagens, povos e culturas.

Meu livro anterior, *Meus passos em busca de paz,* está repleto de viagens que fiz durante essa busca: à Índia (duas vezes), ao Japão e à Califórnia, onde cheguei a estagiar durante quatro anos seguidos no San Francisco Zen Center, a mais importante comunidade zen-budista da Califórnia, para estudar essa filosofia de vida.

Quando voltei ao Brasil, passei a organizar retiros budistas em fins de semana alternados, em meu sítio em Muri, município fluminense de Nova Friburgo, atividade que após alguns anos deixei para me dedicar intensivamente a traduções de livros budistas.

A partir de então permaneci em plena contemplatividade, mas nem por isso a Nômade deixava de voltar a irromper de vez em quando clamando por uma nova andança, coisa que então só podia fazer raramente, quando as condições financeiras permitissem.

Algumas dessas viagens (de durações mais curtas) foram narradas recentemente pelo prazer de, lembrando-as, revivê-las e ao mesmo tempo poder partilhar com o leitor os encantamentos que me proporcionaram.

Turquia (1999)

Uma tarde, enquanto folheava uma revista na sala de espera de um consultório médico, deparei com a foto de uma paisagem desértica de estranhas formações geológicas, algumas parecendo cavernas que sugeriam habitações pré-históricas. A imagem me fascinou de tal modo que senti de imediato que não sossegaria enquanto não visitasse esse lugar do qual nunca ouvira falar: a Capadócia, região da Turquia.

Porém, o temor de viajar sozinha para um país tão distante e estranho fazia-me adiar *sine die* a concretização desse novo desejo.

Passado um tempo, num almoço em casa de velhos amigos, fiquei conhecendo vários outros convidados, entre os quais uma arqueóloga recém-chegada da Turquia com quem logo passei a dialogar. Ao perceber meu interesse por tudo que ela havia visto por lá, perguntou: "Por que não foi ainda?" Quando lhe confessei que era por medo de ir sozinha, ela respondeu com segurança que não havia nenhuma razão para isso. "Use o mesmo esquema que usei para fazer essa viagem. É só procurar a companhia de turismo especializada em roteiros turcos, lhe darei o endereço por telefone. Essa agência oferece um guia local para acompanhar o viajante, desde o momento em que ele chega ao aeroporto lá até ele embarcar de volta ao país de origem. E, já que pretende conhecer a Capadócia, escolha o roteiro arqueológico, como fiz."

Mesmo assim, quando fui à tal agência, dias depois, perguntei se outras pessoas do Brasil estavam inscritas para a mesma excursão. "Cinco brasileiros já estão confirmados, mas todos partirão da Europa e só se juntarão a você na Turquia", informou a gerente.

No dia em que compareci ao Aeroporto Internacional Antonio Carlos Jobim, ao constatar que meu voo estava atrasado, tentei driblar a ansiedade, começando a preencher meu caderno de viagem:

Quem diria, queridíssimo amigo Tom Jobim, que, passados tantos anos, eu estaria, nesta manhã, sentada na sala de espera do aeroporto que hoje tem o seu nome. Mágico... Pois através das enormes vidraças à minha frente, vejo o Cristo Redentor fazendo-me lembrar da noite em que, avistando essa mesma paisagem, da janela de uma casa na Lagoa, você mostrava ao violão a nova canção que acabara de compor inspirado nela: "Corcovado".

Um cantinho, um violão...

E, tempos depois, mostrava outra canção, composta após sua primeira viagem aérea, quando, ao aterrissar de volta neste mesmo aeroporto, outrora chamado Galeão, avistou a amada cidade:

*Minha alma canta
Vejo o Rio de Janeiro
Estou morrendo de saudades
Rio seu mar, praias sem fim
Rio você que foi feito pra mim...*

Não sei se, hoje, você comporia esses mesmos versos... Sabe por quê? O Rio, infelizmente, não é mais o mesmo de quando você nos deixou. Mudou tanto, tanto, que às vezes chego a pensar que...
O alto falante chama para o embarque. Até qualquer hora.

Quando o avião aterrissou na Turquia e me vi no aeroporto de Izmir, em meio a uma multidão falando uma língua indecifrável, o temor de não haver ninguém me esperando lá fora se apossou de mim.
Depois de passar pela alfândega, procurava ansiosa ver meu nome escrito em alguma das cartelas que exibiam o nome dos passageiros aguardados. Via vários nomes, mas não o meu. Quase todas as cartelas já haviam sido retiradas quando avistei, impresso em uma delas, um logotipo que me pareceu familiar: era o da companhia de turismo que havia me vendido a passagem. Cheguei mais perto para verificar o nome inscrito, mas não parecia ser o meu, pois, além de serem precedidas pelo tratamento masculino *mister*, as demais letras eram ilegíveis. Mesmo assim, fui até a moça que o portava – quem sabe ela poderia me informar alguma coisa? Enquanto ela consultava os papéis que trazia às mãos, reconheci neles o meu nome. Que alívio... era a mim, sim, que ela esperava.

No carro, em direção ao hotel, o acolhimento gentil da linda guia turca me acalmou. Falava um inglês que, auxiliado por gestos e expressões faciais, dava para ser entendido. Curiosa, fazia-me tantas perguntas a respeito do Brasil que mal me dava chance de lhe perguntar sobre o que me interessava saber de seu país.

Ao despedir-se, na portaria do hotel em que me deixou, perguntei-lhe a que horas passaria a condução com os demais passageiros vindos da Europa para a excursão. "Eles estarão esperando-a em Kusadasi, a primeira cidade do roteiro a ser visitada. Amanhã um motorista virá ao hotel para levá-la de carro até lá", informou.

No pequeno hotel, depois de me instalar no quarto e verificar no mapa que, pela distância, o trajeto para Kusadasi levaria, no mínimo, três horas, entrei em pânico – como ir sozinha de carro com um homem que nunca vi? Ele poderá me levar para qualquer outro lugar, já que desconheço inteiramente a geografia deste país. O que vim fazer aqui? E se, de fato, chegar a Kusadasi e lá não encontrar os outros passageiros previstos? Farei o restante da viagem sozinha com um homem desconhecido?

Tentei esfriar a cabeça descendo para dar uma volta em torno do hotel, mas a rua, além de parecer com a de qualquer cidade ocidental, estava totalmente deserta por ser domingo. Subi de novo e fiz uma longa meditação, o que me acalmou um pouco. À noite, desci até o restaurante do hotel para jantar e, por um breve tempo, fiquei observando, no salão contíguo, uma esfuziante festa de casamento de dois jovens turcos.

Voltando ao quarto, deitei-me e liguei a tevê para me distrair. Mas o que via eram só horrores: guerra na Iugoslávia com pilhas e pilhas de cadáveres pelas ruas; em outro canal, reportagem sobre assassinatos cometidos por questão de adultério; em outro, os eternos conflitos entre Israel e Palestina – e eu que pensei que ia escapar um pouco das notícias de violência praticada entre os homens. Céus, por que o mundo é esse horror? Desliguei a tevê e tomei uma dose de calmante reforçada para me ajudar a dormir.

Na manhã seguinte depois do café, sentei-me no sofá do saguão do hotel, aguardando o carro que vinha me buscar. A estridência *pop* da música-ambiente começou a exasperar-me ainda mais. Como? Venho até este confim do mundo para conhecer novas coisas e ouço a mesma barulheira que se ouve em qualquer loja em meu país?

Fui até a recepção pedir que baixassem o volume do som e colocassem alguma música turca e eis que vejo chegar, ao mesmo tempo, um motorista apresentando-se como enviado pela agência de turismo para me buscar.

Apanhou minha bagagem fazendo sinal para que o seguisse até o carro, estacionado em frente ao hotel. Ainda interiormente angustiada, segui-o. Quando ele abriu a porta traseira para que eu entrasse, deparei-me com uma moça instalada no assento. Parecendo tão espantada quanto eu, ela cumprimentou-me em português e, ainda por cima, com sotaque carioca. Fiquei atônita. Contou que chegara no dia anterior e desde então se sentia agoniada pelo mesmo motivo que eu. Ficamos tão eufóricas com o inesperado que deixamos para outra hora descobrir por que razão a agência não havia nos colocado juntas, uma vez que ambas havíamos partido do Rio. Talvez por falta de assento no mesmo voo com escala? Maior era a alegria de poder curtir à vontade o trajeto que tínhamos pela frente.

Chegando a Kusadasi o motorista nos levou a um restaurante onde nos esperava o guia da excursão: um jovem turco que falava um português impecável e nos acompanhou até o final da viagem.

Terminado o almoço, uma confortável caminhonete, destinada ao nosso uso exclusivo, aguardava lá fora. O guia, depois de nos apresentar ao novo motorista que também nos acompanharia até o fim da excursão, levou-nos para conhecer a principal atração de Kusadasi: a casa onde a Virgem Maria viveu o restante de seus dias após a crucificação de seu filho Jesus. Visitamos a casa pequena e singela, localizada a uma boa distância do centro. Seu quintal foi posteriormente transformado numa espécie de jardim em cuja gruta de pedra foi montado um altar com a imagem da Virgem.

Na antiguidade, Kusadasi havia sido uma aldeia de pescadores. Hoje é uma cidade de ambiente cosmopolita, onde hotéis modernos e confortáveis foram construídos para atender passageiros de cruzeiros e iatistas que ali aportam para desfrutar de suas praias.

No fim do dia, quando nos deixaram no hotel, encontramos lá, finalmente, os quatro outros excursionistas que estavam sendo esperados: um casal de advogados de São Paulo, vindos de Londres, e um casal de alemães, residentes no Rio, que chegaram de uma visita a Jerusalém.

Depois das apresentações, jantamos todos no caramanchão florido do amplo jardim do hotel diante do mar enluarado. O entrosamento harmonioso com os demais viajantes e a qualidade de atendimento que estávamos tendo dissipou por completo a desconfiança e a aflição que haviam tomado conta de mim.

Daí em diante tudo se tornou puro deleite.

No dia seguinte, fomos a Éfeso. Caminhando sobre as irregulares pedras originais que pavimentam suas vias, margeadas por colunas e arcos em ruínas, transportei-me para sua época de glória. Ali fora construído um templo dedicado a Ártemis, primeira construção no mundo a ser edificada inteiramente em mármore.

Quando foi tomada pelo Império Romano, essa cidade jônica passou a ser uma de suas mais importantes províncias. A partir de então outros esplêndidos monumentos foram edificados ali, como o templo de Adriano, o ginásio, as termas e a Biblioteca de Celso, de cuja maravilhosa arquitetura resta ainda, quase inteira, sua fachada.

Consta que, apesar de todo o poderio do culto de Ártemis na época, o apóstolo Paulo realizou muitas conversões em Éfeso. A pouca distância dali, em Perge, ele residiu durante sua primeira missão na Ásia.

Aspendos e Afrodísias, a pouca distância uma da outra, demonstram a intensidade da vida cultural e esportiva daqueles tempos. Em todas essas cidades se encontram imensos anfiteatros e ginásios para esportes. Em Afrodísias, há ainda um estádio colossal que era designado para os combates de gladiadores dedicados a Afrodite. No seu anfiteatro, o mais bem conservado da Antiguidade, com capacidade para mil pessoas, são realizados, ainda hoje, espetáculos especiais.

Konia é uma cidade do século II onde viveu e morreu Jalaluddin Rumi, que, além de grande filósofo sufi e poeta místico, mundialmente conhecido e reverenciado, foi fundador dos Dervixes Rodopiantes.

Diz a lenda local que ele costumava resumir sua vida em três palavras: "amadureci, amei e ardi".

Para mim, que tanto aprecio a filosofia e a poesia de Rumi, teve um sentido altamente significativo essa visita. Ali, onde ele viveu a maior parte de sua existência, está também seu túmulo. Anos depois de sua morte, o amplo local foi conservado e transformado em museu.

Ao entrar em seu espaço interior sente-se a emanação de uma energia tão sutil que todos os visitantes, até mesmo os menos sensíveis, permanecem em absoluto silêncio, como que mergulhados em si próprios. Passei quase toda a tarde imersa nesse sacrário vivo, meditando e admirando a plasticidade de cada vestimenta exposta: maravilhosas túnicas, exóticos chapéus, turbantes e objetos de uso pessoal.

Na sala onde Rumi e seus seguidores realizavam os exercícios espirituais dançantes, vê-se, no assoalho, partes da madeira desgastadas pelo incessante rodopiar dos pés dos dervixes, o que me fez evocar seu poema:

Te direi em segredo
aonde leva esta dança

Vê como as partículas do ar
e os grãos de areia no deserto
giram desnorteados

Cada átomo
feliz ou miserável
gira apaixonado
em torno do sol

Finalmente a Capadócia.

Ao chegar em seu território, tive a sensação de estar penetrando em outro planeta, tão diferente é sua paisagem de tudo que havia visto na Terra. A cor e a aridez assemelham-se ao que se conhece de fotos tiradas da Lua. Em lugar de crateras, a geologia se apresenta em forma de cones em algumas regiões; em outras, como torres em forma de cogumelos gigantes; em outra ainda, como um mar cujas ondas são formadas por pedras-pomes.

Originalmente eram montes de lava lançados por um vulcão que ali existiu em época remota. Com o decorrer dos séculos, a erosão causada pelos ventos esculpiu as estranhas formas.

Sendo a matéria vulcânica porosa e macia, os tufos eram facilmente escavados por fugitivos que ali se assentavam. Foi nessas cavernas que se refugiaram também os mais antigos cristãos perseguidos. Nos tufos mais altos foram escavados os primeiros templos cristãos, restando ainda neles vestígios de afrescos toscamente pintados. Göreme, região em que se encontram essas formas de tufos, é um fantástico museu ao ar livre.

Formações rochosas em Capadócia, Turquia.

Vi, numa região mais afastada, um enorme tufo com cavidades subindo em espiral até o topo. Essa visão impressionou-me sobremaneira por retratar, com exatidão, a imagem que, na infância, minha mente criou da Torre de Babel. Era como se alguma parte de meu ser reconhecesse esse lugar. Sensação tão mágica que me fez voltar lá sozinha, mais de uma vez, para deixar-me envolver pelo encantamento.

Em outra parte, há uma escavação de oito planos subterrâneos, que também servia de esconderijo por ocasião de extremo perigo. Penetrando-se em seu interior vê-se um labirinto claustrofóbico de corredores, levando a recintos individuais e coletivos, com uma ou outra chaminé de arejamento.

Quando a região era invadida, a população se escondia ali cobrindo o buraco, que servia tanto de entrada como de saída, com uma grande pedra que, misturada às demais existentes no solo exterior, despistava os perseguidores.

Toda a Capadócia parece dar testemunho da história primitiva da formação de populações.

Na última noite que passamos na Capadócia, fomos levados para jantar numa grande caverna. Seu interior, porém, havia sido adaptado com todos os confortos, inclusive uma pista de dança, para receber os visitantes estrangeiros.

Além dos pratos típicos servidos, um esplêndido conjunto musical turco animava o ambiente com belas melodias características e seus ritmos contagiantes. A determinados intervalos, apareciam na pista de dança bailarinas com belos trajes, executando sensuais coreografias, além da já conhecida dança do ventre. Quando o ritmo irresistível da música animava os convivas, as bailarinas vinham buscar homens e mulheres para se juntarem a elas na pista. Alguns mais ousados se atreviam a segui-las em alguns passos, mas logo voltavam para suas mesas. Quando uma delas veio me puxar pela mão, não pestanejei em segui-la.

Misturei-me a elas, dando vazão à bailarina que sempre existiu em mim. Aos poucos começaram a fazer um círculo, postando-se uma a uma diante de mim como que a conferir se uma ocidental seria capaz de acompanhar seus movimentos aos quais, intuitivamente, eu correspondia.

Nem era para menos, já que, quando jovem, eu tivera a desfaçatez de aceitar o convite para dançar no palco de um clube árabe na cidade de São Paulo, onde vivia. A proposta surgira depois de eu ter aparecido na tevê, num seriado que se passava no Cairo e no qual eu interpretava uma espiã que se exibia numa casa noturna que apresentava a dança do ventre.

Tão surpreendidos quanto as bailarinas ficaram meus companheiros quando voltei à mesa, pois até então tinham-me como pessoa extremamente reservada e distante.

Assim festejei os três dias de encantamento na Capadócia.

O percurso de quase cinco horas até Ancara foi uma providencial pausa para relaxarmos após tantos dias de andanças. A estrada, apesar de muito bem pavimentada, estava deserta e podíamos apreciar calmamente a planície que se descortinava lá fora. Ensimesmados, como a digerir as belezas vistas, éramos embalados pelo som das suaves músicas turcas que nosso guia acabara de selecionar para o toca-fitas da caminhonete. O enlevo só foi interrompido quando chegamos a Ancara.

    Depois de instalados no hotel, onde almoçamos, fomos dar uma volta pela cidade que é hoje a capital do país e cuja modernidade, por nada diferir das grandes cidades ocidentais, não nos atraiu como as anteriores. A maioria de nós preferiu descansar a fim de resguardar as energias para Istambul, última etapa da excursão, onde permaneceríamos por três dias, antes de embarcar de volta ao Brasil.

    Istambul. Logo ao entrar na cidade, pudemos observar a ordem e limpeza das ruas, avenidas e praças públicas. Por sorte nosso hotel se situava próximo à parte velha da cidade, a que mais nos interessava. Ao subir para almoçar, tivemos outra agradável surpresa: o restaurante ficava num terraço de cobertura, frente ao Mar de Mármara, com deslumbrante paisagem.

    Nossa primeira visita foi à Cisterna Bizantina, obra arquitetônica monumental da Antiguidade, com colunas e arcos artísticos a se perderem de vista.

    Depois foi a vez da Mesquita Azul. Seu interior, recoberto de magníficos azulejos, mosaicos e vitrais trabalhados em azul e branco, lhe dão uma especial leveza apesar de sua enorme dimensão. Externamente, os seis minaretes que a circundam e mais a grande cúpula formam, ao anoitecer, uma silhueta de incomparável beleza e grandiosidade.

    No dia seguinte, fomos ao Grand Bazar, uma infindável galeria coberta, ocupando um espaço de vários quarteirões. Em seu interior, grandes e lindos arcos recobrem seus infindos corredores que se cruzam, formando um labirinto de lojas, vitrines e balcões, com todo tipo de mercadoria, desde os mais sofisticados tecidos e tapeçarias, joias, adereços e objetos de decoração até artigos de culinária.

    Cansada de perambular pelo fervilhante bazar, sentei-me em um de seus cafés e fiquei bebericando o delicioso chá turco enquanto observava o incessante desfile humano, até que meus companheiros, saciados de fazerem compras, viessem ao meu encontro para voltarmos ao hotel.

    Palácio Topkapi. Amplas alamedas arborizadas e jardins antecedem o pórtico que leva às suas suntuosas instalações. Algumas eram destinadas, à época de sua construção, aos tratados internacionais, outras às habitações do sultão. A uma certa distância destas, está o harém onde o sultão mantinha suas concubinas. Em outra parte, mais além, uma ala que, como mostra a sucessão de chaminés sobre os telhados, teria sido a da cozinha.

Os interiores de cada bloco do palácio são adornados com pinturas bizantinas e contêm os tesouros da época: joias preciosas como o maior diamante do mundo, candelabros esculpidos em quarenta e nove quilos de ouro, tronos usados pelos sultões que se sucediam.

Nossa última visita oficial foi à Basílica de Santa Sofia. Esta foi a primeira igreja católica a ser erigida. O imperador romano Constantino mandou construí-la no ano 325 d.C., passando a cidade então a chamar-se Constantinopla.

Quando, mais de mil anos depois, a cidade foi retomada pelo sultão Mehemet II, a igreja foi transformada em mesquita. Em seu interior foi colocado um *mihrab* para indicar a direção de Meca e seus mosaicos foram cobertos com tinta, para que fossem apagadas as imagens católicas. Medalhas gigantes com invocações em árabe/turco foram colocadas em cada uma das colunas que sustentam sua gigantesca cúpula. Em 1935, a república de Atartük dessacralizou-a e desde então ela se tornou o Museu Ayasofya.

A despeito de sua magnífica arquitetura, a basílica não possui a leveza das mesquitas.

Tendo nosso roteiro chegado ao fim, os excursionistas se despediram uns dos outros. Os dois casais partiam cada qual com destino a outros países, enquanto só a jovem carioca voltava para o Brasil. Quanto a mim, tendo estendido minha estada em Istambul por mais três dias, fiquei sozinha. Desta vez, sem medo, pois já conhecia a cidade.

Desses dias guardo as anotações que fiz em meu caderno de viagem:

Estou vivendo um sonho em plena vigília. Tenho vibrado aqui como há muito não acontecia, exceto há mais de quinze anos quando estive pela primeira vez na Índia. Não sabia que havia tanta riqueza arqueológica concentrada aqui. A história da humanidade está presente em cada pedaço de chão que se pisa.

Passei o dia de hoje vagando pela cidade, descobrindo becos e vielas exóticas. Descobri, numa pracinha recolhida, um ambiente coberto à guisa de bar, onde homens permanecem horas fumando narguilé. A primeira vez que vejo aqui esse hábito tão fartamente explorado nos filmes americanos de espionagem cujos enredos se passavam no Oriente.

Descobri também, na própria avenida que leva às imediações do Grand Bazar, algo quase invisível aos passantes devido à elevada altura de seus muros de pedra. Só ao entrar por uma abertura lateral é que me dei conta de que se tratava de um cemitério de antigas épocas conservando, para serem expostas ao público, as obras artísticas das tumbas, algumas consistindo apenas de belas e trabalhadas colunas. À saída se encontra hoje um moderno café com mesinhas ao ar livre protegidas por coloridos guarda-sóis.

Descobri também um recanto com casinhas coloridas, tendo cada uma delas um pequeno jardim com rosas de tamanho gigantesco, como nunca havia visto. O interior dessas graciosas casinhas abriga hoje lojas.

Armei minha máquina fotográfica para bater um instantâneo de uma muçulmana que vendia lindas bandejas de prata. Quando espiei pelo visor, ela havia desaparecido. Só depois fiquei sabendo que os mulçumanos, em geral, não se deixam fotografar.

Retornei à Mesquita Azul, cuidando de chegar antes do meio-dia, com o intuito de assistir ao culto religioso. Sabendo da regra, já fui com um lenço cobrindo a cabeça para facilitar minha entrada. Permitiram que eu entrasse desde que, antes, lavasse os pés em uma das inúmeras torneiras existentes numa área para esse fim. De pés lavados, ao entrar, indicaram-me os espaços reservados às mulheres. Algumas já se encontravam lá. Sentei-me no chão, na mesma postura que elas, procurando, de soslaio, examiná-las. Percebi que elas faziam o mesmo com relação a mim. Vi que a maioria era jovem e todas traziam na cabeça os característicos lenços cobrindo os cabelos.

Ao meio-dia em ponto, uma voz masculina ecoou no espaço, cantando o adham, a chamada para a sura, a prece feita a determinadas horas do dia. Saber que a mesquita de cada bairro do país, à mesma hora, faz essa chamada para a prece me emociona e faz pensar que uma religião que requer que o cidadão pare cinco vezes ao dia, por alguns minutos, para se pôr em contato com o sagrado, já merece todo o respeito.

Na saída, enquanto me preparava para tirar fotos do pátio, algumas das moças que estavam perto de mim dentro da mesquita se aproximaram, perguntando em inglês se podiam falar comigo, para terem chance de treinar esse idioma que estudavam na universidade.

De bom grado me dispus a atendê-las, interessada que estava em observá-las mais de perto. Fiquei surpresa com a vivacidade e alegria estampadas em seus rostos. Imaginava que haveriam de ser tristonhas e oprimidas como a imagem que nos é passada a respeito das mulheres muçulmanas nos noticiários internacionais. Seriam assim alegres e animadas porque, sendo ainda estudantes, estavam mais livres do tradicionalismo? Ou este pareceria absurdo para o ocidental apenas porque ele desconhece seus verdadeiros princípios? Pela segunda vez me senti inclinada a saber mais sobre a cultura e os costumes islâmicos.

A primeira vez foi numa viagem que fiz ao Egito: uma noite, num hotel de alto padrão, quando subia com algumas pessoas, o elevador parou, entrando nele um casal egípcio. O cubículo foi como que eletrizado. O homem, ainda jovem, vestia uma impecável túnica branca, trazendo na cabeça um turbante igualmente branco, amarrado com aro preto, como se vê nas fotos dos reis do petróleo. A mulher estava coberta por drapeados de fina seda que deixavam descobertos apenas os olhos. Era pouco o que se via dela, mas o suficiente para revelar a voluptuosidade que se escondia sob aquelas vestes. Até então eu imaginava que o recato imposto privaria aquelas mulheres de sensualidade, mas deu para ver que elas apenas a represavam.

Mais tarde, avistei ambos dançando na boate do hotel e, mais uma vez, fui surpreendida. Desta vez, pela desenvoltura do homem dançando desinibida e provocativamente em torno da companheira. Eu, que imaginava que, por serem rígidos, aqueles homens seriam incapazes de fluir na dança.

Agora, ali no pátio da mesquita, junto às jovens muçulmanas, observava que, a despeito de nossas diferenças, de idade, etnia e religião, parecia haver um entendimento tácito entre nós.

Uma delas, a que trazia uma câmera, pediu licença para tirar uma foto minha junto a ela e suas colegas. 'O prazer é todo meu', lhe respondi. Ela então pediu a um passante que batesse a foto. A seguir disse que enviaria uma cópia para o Brasil, se eu lhe deixasse o endereço. Enquanto eu anotava os dados em seu caderno, ela me perguntou se conhecia sua religião. 'Apenas por alto', falei. 'Então vou tentar achar uma versão inglesa do Corão, para lhe enviar junto às fotos', acrescentou. Agradeci antes de me despedir.

Estão sendo maravilhosos estes dias. A cidade é organizada e tem um sistema de vigilância tão eficiente que, passeando pelas ruas, me sinto mais

Odete (de óculos escuros) junto às mulheres turcas no pátio da Mesquita Azul, em Istambul.

segura aqui do que quando o faço no Rio. Não vi até hoje nenhum mendigo ou drogado pelas ruas. A única transgressão que testemunhei foi numa noite, antes de os outros excursionistas terem viajado. Fomos jantar no bairro de vida noturna mais movimentada de Istambul. Ouvimos, de repente, um clamor que chegava da rua. Olhamos pela janela e vimos um rapaz, com a bolsa que acabara de roubar de uma mulher, fugindo dos policiais. Foi preso. Não sei se há tão poucas ocorrências criminosas aqui porque as leis são absolutamente severas ou se, com seus milhares de anos de civilização adiante da nossa, a maioria já aprendeu que o crime não compensa.

 Retornei, hoje, aos jardins do Palácio Topkapi. A manhã estava esplendorosa e queria rever as árvores gigantescas que margeiam as alamedas externas do palácio. Sentei-me num banco sob a sombra de uma delas, observando os inúmeros visitantes que, pela alameda próxima, passavam em direção ao palácio: muitos turistas estrangeiros e dali mesmo, filas de colegiais acompanhados por professores.

 Sentados num banco à minha frente, separado do meu por um pequeno canteiro florido, avistei dois turcos idosos, visivelmente homens do povo, com o rosto curtido e trajes característicos. Fiquei discretamente observando-os como gente autêntica do país, imaginando como seriam suas vidas, suas casas, suas famílias. Num determinado momento, percebi que eles também passaram a me olhar com curiosidade. A certa altura, um dos senhores chamou uma das colegiais que brincavam por perto, segredando-lhe algo. Em seguida, a menina veio a mim dizendo, em inglês, que eles haviam lhe pedido que servisse de intérprete para perguntar de que país eu era. Logo se estabeleceu uma calorosa comunicação em que ela ia e vinha, trazendo e levando amáveis recados.

E eu que pensei que iria me deprimir por ficar três dias sozinha nesta cidade! Mash Allah!

Amanhã retorno ao Brasil, levando comigo várias músicas turcas. Quando a saudade bater poderei, ouvindo-as, reviver os belos momentos que experimentei por aqui.

Odete na exuberante Turquia.

China e Tibete (2000)

O plano de viajar para a China e o Tibete vinha de longa data e ganhou corpo quando li os livros de Alexandra David-Néel, narrando suas experiências ao penetrar nesses dois países, quando ainda eram separados e totalmente fechados para o mundo.

O que me motivava a visitar os dois países, tornados um só depois que o Tibete foi invadido pela China, não se restringia apenas ao meu interesse pela filosofia budista, mesmo porque a linhagem do budismo que mais aprecio é a zen do Japão, país que, por esse meu interesse, já havia percorrido tendo tido, inclusive, o privilégio de estagiar por curta temporada em um de seus mais antigos e tradicionais mosteiros, o Hoshin-ji.

Portanto, com relação à China e, especialmente, ao Tibete, atraíam-me também suas deslumbrantes paisagens, mistérios e costumes de seus povos, mas tive que aguardar pacientemente por uma ocasião propícia como, por sorte, ocorrera quando fui ao Japão.

Essa oportunidade surgiu inesperadamente quando Carol, uma conhecida que há muito não via, me ligou dizendo que estava começando a se preparar para essa viagem e, se eu ainda estivesse interessada, poderíamos ir juntas. Mal podia acreditar. O que melhor poderia acontecer do que contar com a companhia de uma viajante superexperiente como ela, possuidora de tudo o que a mim falta para poder ir para qualquer parte do mundo sozinha: segurança, estabilidade emocional e total desembaraço para resolver assuntos práticos como o de lidar com moedas estrangeiras, mapas, documentos etc.?

Diante de todos esses prós, não hesitei em pôr tudo de lado, passando por cima do fato de que, financeiramente, essa não era uma época favorável. O que eu não podia era perder a oportunidade de aproveitar a companhia da experiente Carol.

Depois de dois meses de preparação, embarcamos no Rio, com escala em Paris, onde pernoitaríamos para prosseguir viagem no dia seguinte.

Aterrissamos na Cidade Luz quando já era noite. Apesar do cansaço, não resistimos à tentação de dar um giro pelas redondezas para rever, ainda que de relance, essa deliciosa cidade que, por mais que se a tenha visto, não se cansa de rever. Largamos as malas no hotel e fomos andando até o restaurante no Jardim de Luxemburgo, onde havíamos marcado encontro com Bianca, uma historiadora brasileira que passava uma temporada em Paris e se agregaria a nós a partir dali.

Mal acabamos de jantar e tivemos que voltar para o hotel, pois, logo de manhã, tínhamos que estar no aeroporto Charles de Gaulle para embarcar rumo à China.

O longuíssimo voo direto para Pequim – creio que de cerca de catorze horas sem escala – mais a falta de conforto na classe econômica tornava a viagem extremamente cansativa. Mas, quando ouvimos a voz do comissário de bordo anunciando que a aeronave estava se preparando para aterrissar, nossa exaustão esvaiu-se como num passe de mágica.

Ao desembarcarmos, espantou-nos a grandiosidade do aeroporto e, embora não pudéssemos deixar de admirar sua supermodernidade, ficamos temerosas de que a China inteira tivesse se modernizado assim.

Depois de passarmos pela alfândega, nos misturamos à multidão que aguardava o desembarque de passageiros, até que avistamos um cartaz com nosso nome escrito.

A guia que nos esperava, uma senhora simpática, nos deu as boas-vindas em castelhano – o que explicava sua aparência mais latina do que chinesa. Levou-nos de táxi até um hotel bastante espaçoso e confortável, onde pudemos descansar por algumas horas. Depois do almoço, no próprio hotel, a guia voltou para nos levar ao primeiro passeio: o Palácio de Verão.

Esse milenar palácio se situa num imenso parque exuberantemente arborizado à beira de um vasto lago. Os jardins que circundam o palácio são entremeados por regatos com pontezinhas convexas ligando canteiros floridos e ornados com esculturas de pedras porosas retiradas das profundezas do mar.

Pelas alamedas estreitas que se estendem além do palácio, encontram-se, distantes um do outro, quiosques de intenso colorido em que o vermelho predomina. Em seus interiores veem-se alguns poucos móveis remanescentes do Império – os que foram deixados pelos invasores do Taiwan, para onde foram levados todos os tesouros.

Todas as trilhas, sempre verdejantes, convergem para o grande lago margeado por chorões que debruçam suas ramagens inferiores sobre as águas da borda. Ao longe, na superfície plácida do lago, deslizam pequenos barcos, formando uma paisagem típica das pinturas chinesas.

Na manhã seguinte fomos visitar a Grande Muralha.

À sua entrada havia menos turistas estrangeiros do que nativos que vinham em bandos de outras regiões do país para ver a histórica muralha. Não eram muitas as pessoas que se aventuravam a subir sua infinda escadaria que, a determinadas distâncias, possui um patamar para o caminhante fazer uma pausa. Em cada um destes patamares há uma guarita construída com as mesmas pedras colossais da muralha, em cuja porta há sempre um sentinela impecavelmente fardado.
  A maioria dos visitantes se contentava em ficar rondando em torno de sua imponente entrada que, por si só, já exige uma boa forma física para ser percorrida.
  Mesmo sem estar ainda refeita do fuso horário, meti-me a subir as escadarias para ver do alto os contornos da muralha que se estende a perder-se na bruma. Uma foto minha batida, a meu pedido, pelo oficial que vigiava o patamar mais alto que atingi, mostra o poder que as viagens têm de gerar novas energias em mim; nela apareço com largo sorriso de contentamento, apesar do esforço que me custou subir até ali.

À tarde, fomos até a praça Tiananmen, conhecida também como Praça do Povo, onde acontecem todas as grandes manifestações populares, como se viu na inesquecível cena do jovem estudante que, em protesto, se colocou sozinho diante de um dos tanques de guerra numa parada militar, mostrada em todos os jornais e tevês do mundo inteiro.
  Tivemos que caminhar muito até atravessarmos a praça para visitar a Cidade Proibida. Tão vastos quanto a praça são os espaços e jardins dentro da Cidade Proibida. Tínhamos que caminhar, caminhar e caminhar, única forma de sentirmos o espírito de toda uma civilização vibrando no ar. A amplidão dos espaços públicos e a solidez das edificações dão ideia de que tudo foi projetado, tendo em vista as próximas

gerações até o infinito, inversamente ao que ocorre nos dias de hoje em quase todo o mundo. A limpeza das ruas, parques e jardins nos arrancava repetidas exclamações.

Depois de atravessar a imensidão da praça com a gigantesca foto de Mao Tse Tung, perguntei à guia onde podia encontrar um exemplar da famosa "Cartilha Vermelha" para trazer como lembrança. "Talvez em lojas de antiguidade", informou ela. Interiormente fiquei chocada, pois, em minha memória, a cartilha ocupava ainda o mesmo lugar afetivo do ano de 1966, quando pisei no palco vestida com uma réplica do terninho do exército de Mao, juntamente com minhas colegas de cena, Suzana de Moraes, Maria Lúcia Dahl e Maria Regina, igualmente uniformizadas, para representarmos a peça *Meia-volta volver*, de Oduvaldo Vianna Filho, no Teatro de Bolso em Ipanema.

Dei-me conta então de que trinta e três anos haviam se passado, que tudo havia mudado e que o mundo está, de fato, em permanente transformação.

Loucura foi chegar à estação ferroviária de Pequim no dia seguinte! Nunca vi tanta gente entrando e saindo por todos os lados, se movimentando em todas as direções. Formigueiro tão grande jamais havia visto, nem sequer nas estações da Índia e de Tóquio. Fiquei estarrecida, com medo de que aqueles enxames de gente me arrastassem para longe da guia e de minhas amigas. A um certo momento, tivemos que nos dar as mãos para não nos perdermos uma da outra. Só sossegamos quando nos vimos dentro de nossa cabina no trem com destino a Luoyang.

Ali, uma outra guia nos esperava, uma graciosa jovem chinesa que devia estar começando no ofício, tal era o esforço que fazia para se comunicar em inglês. Deixou-nos num ótimo hotel que, a julgar pelo conforto baseado nos moldes ocidentais, deveria ter sido construído em época recente para atender especialmente os estrangeiros quando a China abriu-se para o turismo.

Luoyang também é uma cidade imensa; parece não haver espaço público pequeno ou médio na China. A agitação das ruas centrais na hora do *rush*, com milhares de bicicletas disputando espaço com os automóveis, era um espetáculo. Divertíamo-nos com o trânsito que parecia funcionar segundo a vontade de cada um, tudo na base do "jeitinho" que, incrivelmente, funcionava sem nenhum atrito.

Parei em um camelô para comprar um chapéu que protegesse meu rosto do sol. Notei um certo ar zombeteiro em minhas amigas ao me verem fazer uma compra tão barata, mas para mim valiosa pela sombra que oferecia, além de me assentar muito bem. Dois dias depois, em outro camelô, elas compraram chapéus idênticos por serem, de fato, muito graciosos. Fazem sucesso ainda hoje quando os uso.

No dia seguinte a guia nos levou de carro para visitar o que realmente nos interessava ver ali: as cavernas de Longmen, localizadas a uns trinta quilômetros do hotel.

Impressionante ver, quando se está chegando, essa extensa rocha pontuada de inúmeras cavidades de diferentes formatos e tamanhos, à beira do rio Yi, no qual aparece refletida. Essas cavernas começaram a ser escavadas no ano 493 da era cristã. Nelas existem, ao todo, 100 mil imagens de Buda, artisticamente esculpidas, algumas de tamanho enorme, outras de tamanho médio, outras pequenas e, até mesmo, minúsculas, segundo o espaço dado pela formação rochosa. Não há parte ínfima de suas paredes internas que não tenha sido esculpida. Essas relíquias são procuradas não apenas por turistas, mas também por estudiosos de arte de todas as regiões do planeta. Beleza deslumbrante.

Estátua de Buda em uma das cavernas de Longmen, na antiga capital chinesa de Luoyang, oeste da província de Henan.

Ainda em Luoyang visitamos o templo Cavalo Branco, assim chamado porque os materiais para sua construção, assim como objetos ornamentais, eram trazidos de muito longe, transportados por cavalos brancos.

Foi o primeiro templo budista chinês instalado no país no ano 64 d.C. Com o decorrer do tempo e o crescimento de adeptos, tornou-se um grande mosteiro, com quatros setores espalhados pelas suas terras, possuindo cada setor seu próprio templo.

É perfeita a plasticidade das construções de madeira, cobertas por telhados, também de madeira, que terminam em arrebites artisticamente talhados e pintados.

Separadas por amplos jardins estão as vivendas dos monges. Estes são vistos raramente, mesmo porque são poucos e ali estão mais para cuidarem da conservação desses patrimônios históricos, uma vez que a Revolução Cultural proibiu a expressão religiosa no país. Ironicamente, por serem os templos budistas os locais mais procurados para visita, são os que mais rendem atualmente ao turismo chinês.

Entrei em um dos templos em cujo altar havia um enorme Buda dourado. Estendido no chão à sua frente, estava o pequeno tapete usado pelos budistas para fazer reverências. Inclinei-me sobre ele e fiz três prostrações, em sincera gratidão por todos os ensinamentos legados por Buda e seus sucessores, que tanto me ajudaram a entender o fenômeno da existência. Fiquei comovida ao ouvir um leve tanger de sino coincidir com cada uma de minhas prostrações.

Só depois de me levantar e olhar curiosa para todos os lados é que reparei, à sombra, a discreta presença de um monge que, sentado em postura de lótus diante do característico sino em formato de tigela, pousado sobre o chão, ali estava para soá-lo, a cada reverência feita ao Buda.

O som dos sinos budistas me traz especial estado de espírito. Habituei-me a eles durante os períodos em que estive em alguns mosteiros onde eles ressoam para chamar os residentes para cada atividade do dia: meditação, trabalho, refeições, estudos e banhos. Havia um código de sons e ritmos para cada uma dessas atividades.

Só depois de haver me familiarizado com estes é que passei a apreciar também os sinos das igrejas cristãs.

Hoje, quando ando pelas ruas das cidades ocidentais e ouço algum sino de igreja, detenho discretamente meus passos para ouvi-lo meditativamente. Dou-me conta, nessas ocasiões, do quanto esses ecos foram engolidos pelo barulho e a pressa do mundo, fazendo-me lembrar dos lindos versos do poeta maranhense Luís Augusto Cassas.

> *[...] os tempos agora são de absoluto espanto*
> *e cortaram a língua de todos os santos.*
>
> *Quem silenciou os sinos das igrejas?*
> *Quem desempregou os sineiros das catedrais?*
> *Quem silenciou o bronze dos campanários?*
> *Quem? Em nome de que lei? Em nome de que rei?*
>
> *Oh! Meus amigos de fé e de razão mais ímpia:*
> *todo sino tocado é a memória mais pura de Deus*
> *acesa na escura lembrança dos homens.*
> *É a palavra simbólica do pai*
> *chamando para a comunhão do filho...*
>
> *... E enquanto os sinos não tocarem*
> *e enquanto os sinos não dobrarem*
> *todas as igrejas estão desterradas*
> *e Deus se retirou para outro lugar.*

Hoje faço estas anotações a bordo de um trem que está nos levando a Xian, antiga capital da China.

Pela janela, observo infindas planícies com plantações de arroz ondulando aos sopros do vento. A vida me parece mágica. Como é possível que eu, que vivo metida em minha toca, esteja, de repente, neste outro lado do mundo? E como é possível que num mesmo planeta existam povos e culturas tão diferentes? Por enquanto, tudo aqui está me parecendo flexível e harmonioso. Não sei se sentiria o mesmo, se estivesse fazendo uma viagem sozinha, de mochila nas costas, como fiz na segunda vez em que fui à Índia a fim de conhecê-la pela porta dos fundos. Pela porta da frente, eu já a havia conhecido na primeira vez em que lá estive, numa excursão confortável como a que faço agora aqui.

Em Xian começamos o dia visitando o Pagode do Grande Ganso, um templo construído pelo antigo Império para proteger as escrituras sagradas. As primeiras delas foram trazidas pelo filósofo-monge peregrino Xuanzang, que viveu de 602 a 664 d.C. Consta que ele as trouxe da Índia caminhando a pé até ali.

O templo é circundado por árvores centenárias e jardins. O espaço destinado à biblioteca é todo de madeira: paredes, estantes, assim como os livros, que consistem em blocos em cujas superfícies eram gravados os sutras (textos sagrados) em épocas remotas. Apesar de as madeiras escurecidas pelo tempo darem à biblioteca um certo aspecto sombrio, o ambiente transpira leveza e paz. Esta deve ser gerada pelos monges ali residentes que todas as manhãs, antes de iniciarem seu trabalho de manutenção, recitam a cada dia um sutra, do mesmo modo que o fazem sistematicamente ao anoitecer.

Dali fomos visitar os famosos Guerreiros de Terracota. É inacreditável que esse exército de dois mil guerreiros esculpidos em terracota, soterrado pelo tempo, só tenha sido descoberto recentemente, por casualidade, por um agricultor que ali cavava a terra para plantar. Hoje, uma suntuosa edificação de mármore protege esse tesouro da humanidade.

Antes de retornar ao hotel ficamos um bom tempo perambulando pelo bairro mais antigo e popular no centro de Xian. Expostos ao ar livre, havia uma sucessão de objetos exóticos e coloridos, fazendo-nos vibrar como crianças em um parque de diversões. Detivemo-nos mais tempo numa loja em cuja fachada estavam pendurados pincéis de pintura de todos os feitios, desde o maior, equivalente ao tamanho de uma vassoura, até os mais minúsculos e finos. Atrás da loja havia um grande ateliê funcionando com aulas de caligrafia e pintura.

Ao passar depois por um camelô sofri um impacto ao ver, entre inúmeros objetos expostos, a imagem de um Buda negro estampada em um pano de parede. Tive a sensação de estar me sendo apresentado o Buda brasileiro, pela segunda vez. A primeira, havia sido tempos atrás quando fui visitar o modesto Templo Zen Pico de Raios, situado no alto do Morro de São Sebastião, em Ouro Preto, Minas Gerais.

Já havia estado nesse mosteiro várias vezes enquanto ainda estava sendo levantada sua construção feita com pedras características da região: blocos de pedra de forma achatada que, sobrepostos uns aos outros, prescindem de reboque para se manter coesos.

Quando, passado algum tempo, voltei para ver a obra já concluída, ao chegar ao pátio de entrada, deparei-me com a escultura de um Buda negro. Foi uma visão de força e beleza, embora a escultura tivesse um tamanho modesto. Procurei saber de quem havia surgido essa ideia tão original e significativa. Fiquei sabendo que o fundador do pequeno mosteiro, monge zen Ryotan Tokuda, mandara pintar de negro a escultura, anteriormente branca, como homenagem simbólica aos negros que haviam sido escravizados na extração de ouro das minas dessa antiga vila colonial. Muitos deles haviam sido massacrados ao tentarem fugir através de túneis que escavavam. No próprio terreno do mosteiro há um desses túneis, quase totalmente encoberto pelo mato.

Agora, muitos anos depois, olhando esse Buda negro estampado num pano de parede na China, veio-me à memória uma palestra do mestre Thich Nhat Hanh, destinada especialmente a artistas plásticos e músicos, a que eu assistira na Califórnia. Ao encerrar a palestra ele disse estar curioso para ver como será o Buda americano.

Como a plateia reagiu com um silêncio indagador, ele explicou que quando o budismo surgiu, na Índia, por volta de 600 a.C., fora proibida a reprodução de qualquer imagem budista, uma vez que a própria palavra Buda significa: "aquele que está desperto para a realidade", ou seja, Buda é um estado de ser e não uma entidade a ser idolatrada.

Porém, com o decorrer do tempo, alguns escultores e pintores acabaram criando uma imagem. Assim foi criada a primeira, a do Buda da Índia, calcada na conhecida história de Sidarta Gautama – príncipe indiano que, ao sair um dia de seu palácio, chocou-se ao ver o sofrimento humano existente lá fora. Acabou abandonando sua moradia e saiu pelo mundo, obstinado a encontrar um meio de libertar os homens do sofrimento. Primeiro, tornou-se asceta, como faziam os buscadores da verdade, na época. Depois de anos de ascetismo, já quase morrendo de desnutrição, aceitou o alimento que uma pastora, ao vê-lo já cambaleando, lhe ofereceu. Foi então repudiado por seus colegas, mas concluiu que não era esse o meio de encontrar o que buscava.

Continuou a peregrinar sozinho, até que um dia, durante sua meditação sob uma árvore, iluminou-se, ou seja, compreendeu qual a origem do sofrimento e qual a forma de aliviá-lo. Depois de algum tempo desfrutando desse novo estado de espírito resolveu voltar a peregrinar, desta vez para transmitir seu entendimento pelo restante de sua vida. Os antigos colegas opositores acabaram tornando-se seus discípulos, assim como a esposa que ele havia abandonado no palácio.

Séculos mais tarde, quando o budismo chegou à China e mesclou-se ao taoísmo, outra imagem foi criada: a de Hotei, figura sorridente e barriguda, vulgarmente conhecida como o Buda chinês mas que, na verdade, surgiu da antiga lenda de um vagamundo iluminado que andava pelas aldeias distribuindo guloseimas às crianças.

Logo, seria natural, finalizou Nhat Hanh, que tendo o budismo chegado à América algum artista acabasse criando a imagem do Buda americano.

Por que não haveria de ser brasileiro o Buda negro? – concluí comigo mesma, enquanto comprava o pequeno pano de parede, para trazer de lembrança.

À caminho de volta para o hotel, continuei a tecer considerações: o Buda negro pode simbolizar também a ausência de todas as cores, ou seja, a ausência de todas as discriminações. Na verdade, Buda não tem cor, nem rosto, nem corpo. O que existe é corpo imaterial dos ensinamentos por ele deixados. O mesmo acontece com Cristo, uma vez que o que define um cristão não é ele adorar uma imagem de Cristo, mas sim "viver" segundo os ensinamentos por ele legados, estes sim, seu corpo, como, acredito, ele mesmo quis demonstrar, na ceia com seus apóstolos: ao partilhar o vinho, simbolizou-o como sendo seu sangue, e o pão como sendo sua carne.

Estou a bordo de um avião, os assentos estão todos ocupados por asiáticos, exceto Carol, Bianca e eu. Estamos indo para Chengdu, onde pernoitaremos para poder seguir de carro, num trajeto de quase três horas, até Leshan.

Durante esta hora e meia que ainda temos de voo, ponho-me a refletir sobre o porquê de estar indo para Leshan, lugar que nunca soube existir até poucos meses atrás. Tomei conhecimento dele acidentalmente, uma noite em que minha amiga Lucélia Santos me convidou para assistir, junto a alguns outros colegas, a seu primeiro filme sobre a China. No filme, voltado para dados históricos do país, apareceu, de repente, um cenário de extraordinária beleza e poesia. Pedi à Lucélia que parasse um instante naquele fotograma para poder observá-lo melhor. O cenário, composto pela natureza selvagem com uma imagem gigantesca de Buda, esculpida numa enorme rocha natural, era tão impressionante que, interiormente, tomei a decisão de não mais adiar minha viagem à China.

In loco, o cenário de Leshan causou-me maior impacto ainda. No meio da floresta, está a pedra gigantesca, de cerca de setenta metros de altura, com o Buda Gigante, imagem rudemente esculpida e talvez, por isso mesmo, mais forte, por se mesclar à natureza, tendo um rio caudaloso passando aos seus pés.

O cenário muda de cor e aspecto, segundo a luz das estações do ano. No outono, quando ali estivemos, o cenário era colorido, havendo tufos de mato verde infiltrados nas pequenas reentrâncias da escultura.

Buda Gigante, de 71 metros, em Leshan, China.

No inverno, o cenário adquire uma aparência dramática, com a rocha manchada de faixas escuras provocadas pelo escorrimento das águas em períodos de chuva. Aliás, quando Lucélia filmou a imagem, tinha acabado de chover e filetes de água ainda deslizavam pela face e o corpo de Buda, indo desaguar no rio aos seus pés. O Buda Gigante é um quadro orgânico, contendo todos os elementos da Terra; obra de arte viva, cambiante como a própria vida é.

Quando a China se abriu para o turismo, foi construída uma escadaria, com vários andares, para que os visitantes possam ver a estátua de todas as perspectivas. Lá do alto, onde está situada a cabeça de Buda, as pessoas embaixo são vistas como minúsculas cabeças de alfinetes.

Dentro do cenário que o circunda, o Buda Gigante é a imagem de maior força telúrica e espiritual que já vi.

No dia seguinte, embarcamos com destino a Lhasa, capital do Tibete.

Durante o voo, enquanto admirava as cadeias de montanhas com seus picos cobertos de neve, vinha-me a curiosidade de saber de que forma o avião poderia pousar se só havia aquelas infindas cristas.

De um momento para outro, para meu espanto, o aparelho começou a descer quase que obliquamente e, em poucos minutos, aterrissou numa terraplanagem feita para servir de aeroporto.

Ao pisar fora da aeronave, dei com uma explosão de luminosidade: as cores vibrando em sua máxima intensidade, o azul do céu, o branco dos flocos de nuvens vagantes, o ocre da terra, o verde da rala vegetação, o ar límpido e revigorante. Contraste absoluto com a bruma acinzentada do ar da China.

Uma jovem guia esperava, para nos levar ao hotel que ficava, segundo ela, um tanto distante.

Enquanto o carro percorria a estrada de chão batido, íamos tomando contato com essa nova, forte e cambiante paisagem. Víamos trechos áridos e pedregosos, exibindo todas as tonalidades de bege, desde a mais clara até quase o castanho; mais adiante, nas áreas planas, sequências de árvores esguias com galhos quase verticais cujas folhas são tão delicadas que a luz do dia as torna translúcidas. Após uma curva da estrada, surgiu um lago de azul tão intenso quanto o do céu que espelhava, em contraste gritante com o branco da areia que circunda sua margem.

Essa estrada de terra fora aberta depois que a China se apossou do Tibete e começou a explorar o turismo ali também. Antes não existia aeroporto nem estrada. Apenas um ou outro aventureiro arrojado é que conseguia chegar até ali, como fora o caso de Alexandra David-Néel, primeira mulher francesa a pisar naquela região quando era totalmente fechada a estrangeiros. Estudiosa das filosofias orientais, Alexandra se disfarçou de mendigo peregrino e, munida de tigela e cajado, percorreu a pé grande parte da China até que, acompanhada por um monge e um burrico, conseguiu alcançar Lhasa, no ano de 1924. Anteriormente já havia andado por toda a Índia e o Ceilão. Os livros que escreveu sobre suas aventuras fazem parte, hoje, do acervo de um museu que traz o seu nome, em Paris.

Chegamos ao Lhasa Hotel, o principal: edifício de quatro a cinco andares, de construção recente, mas guardando em sua fachada muitas das características nativas. À sua entrada, em lugar dos adornos rígidos e sóbrios dos grandes hotéis ocidentais, havia exóticos vasos de palha, com flores de todo o tipo e cores, dando ao ambiente uma atmosfera de leveza e alegria. Interiormente, suas acomodações não podiam ser mais confortáveis, minha janela dando para uma bela cadeia de montanhas ao longe.

Embevecida com tudo, larguei a mala, ainda fechada, e saí pelas redondezas como a conferir se não estava sonhando. Não sabia que meu ímpeto fosse resultar em pesadelo no dia seguinte.

Despertei no dia seguinte sentindo-me mal, com dor de cabeça, zonzeira e muita náusea. Estando marcada nossa saída com a guia, às nove horas, e, não tendo eu aparecido, Carol me ligou do saguão perguntando: "Como, não vem para a visita ao Palácio Potala?". Para não estragar o passeio programado, aleguei que estava por demais cansada e necessitava de repouso.

Meu mal piorava, tornando-se os vômitos cada vez mais frequentes. Quando, num deles, vi sangue, entrei em pânico. Fechei as cortinas e, no escuro, fiquei imóvel na cama achando que ia morrer.

Depois de tentar relaxar com exercícios de ioga, seguidos de uma longa meditação, tive a clareza de que devia pedir socorro.

Liguei para a recepção, para saber como conseguir um médico e fui informada de que havia um de plantão, no próprio hotel, no primeiro andar.

Vesti uma roupa qualquer e tomei o elevador para descer até o consultório. Ao bater à porta, o médico tibetano apareceu. Com calma auscultou-me e logo me deu umas pílulas minúsculas, recomendando que as tomasse de quatro em quatro horas. A seguir, passou-me um copo com água, pedindo que ingerisse a primeira, ali mesmo. Em seu parco inglês o médico me fez entender que se tratava do "mal de altitude", comum à grande parte de estrangeiros que ali chegavam. Voltei para o quarto mais aliviada, mas duvidando de que aquelas ínfimas pílulas pudessem fazer algum efeito.

Na manhã seguinte, milagrosamente acordei bem e pude acompanhar minhas amigas nos passeios programados. Fomos visitar o Drepung, o mais antigo e maior mosteiro do budismo tibetano. Nele, viviam anteriormente milhares de monges, mas hoje, a exemplo do que acontece na China, só vivem ali alguns poucos para cuidar da conservação.

Os amplos pátios internos, rodeados por inúmeras e sucessivas portas de celas monásticas, a arquitetura nativa com enormes domos dourados e telhados artisticamente talhados e coloridos transmitem ainda o fulgor de sua época.

Senti que todo o cenário tibetano continua de pé, mas seu espírito não está mais ali. Este havia se transferido para Dharamsala, no norte da Índia próximo à fronteira com o Tibete, onde se refugiaram e vivem, até hoje, o Dalai Lama e todos os tibetanos que o seguiram.

Eu já havia estado em Dharamsala, em meados de 1982, por ocasião de minha segunda viagem à Índia. Era uma aldeia encravada nas montanhas do Himalaia, onde os refugiados tibetanos começaram a erguer pequenas e toscas habitações sem, no entanto, prescindirem de ter, sobre a porta de entrada, algum dos ornamentos fortemente coloridos de sua arte.

Permaneci lá durante uma semana, numa modesta hospedaria. Nos primeiros dias andei pelo seu centro, cujas ruas enlameadas e comércio improvisado me traziam à memória o início da formação de Brasília. Nos dias a seguir perambulei pelas vias mais ermas e distantes, nas quais raramente via algum nativo andando enquanto girava sua roda de rezar. Pude observar, por toda parte, que os tibetanos são um povo feliz, amistoso e alegre. Ao cair da tarde me entretinha indo à grande biblioteca, onde estão preservadas todas as escrituras sagradas, livros filosóficos e obras de arte tibetana.

No mosteiro de rude construção, erigido ao lado da atual residência do Dalai Lama, os monges continuam a realizar seus estudos e rituais tradicionais, da mesma forma que o faziam anteriormente nos ricos e imponentes mosteiros do Tibete.

Dessa vez, em Lhasa, fui com minhas amigas visitar, além do Drepung e o Sera, outro grande mosteiro, o Jokhang, que, embora tão antigo quanto os dois primeiros, se situa numa região próxima ao centro.

Em sua cercania instalou-se, com o decorrer do tempo, o Barkhor, uma espécie de mercado ao ar livre, com tendas mantidas pelos tibetanos que ali permaneceram, após a invasão. Nesse mercado tive a oportunidade de observar mais um pouco do autêntico espírito tibetano que havia visto, anteriormente, em Dharamsala.

As tendas do Barkhor exibem panos e objetos lindíssimos com características muito diferentes dos que vira na China. Tudo, ali, tem uma aparência mais rústica, e nem por isso menos artística e bela. Os adornos femininos se compõem, geralmente, de pedras de turquesa e de coral, comuns na região, e de outros tipos de gemas, originais em cores e padrões.

As mulheres tibetanas são belíssimas, diferem das chinesas pela robustez, saúde, alegria, dentes alvos e pomos da face naturalmente corados. Vestem-se de maneira peculiar: suas roupas geralmente são de panos encorpados e escuros, feitos, aparentemente, em teares manuais, sempre trazendo alguns detalhes de cores fortes e vibrantes. Algumas mulheres usam na cabeça uma espécie de turbante feito de panos misturados a gemas ou broches de metais preciosos. Esses arranjos são improvisados por elas próprias, revelando o gosto estético de cada uma. Algumas eram tão admiráveis que nos detínhamos na tenda fingindo examinar um determinado objeto à venda, para melhor poder apreciar a autenticidade e beleza da vendedora.

No mercado são vendidos, também, panos típicos usados para separar, ou vedar, ambientes; um tipo de cortina que, ao invés de cair em drapeados, cai reta mostrando, por inteiro, o desenho nela imprimido. Deixei o mercado, rezando para que a globalização não chegasse até lá.

Nossa programação previa dois dias destinados a conhecer as aldeias de Gyantse e Shigatse. Mas, quando soube que o percurso de carro era em estrada irregular de terra, levaria quatro horas para chegar à primeira e mais quatro para chegar à segunda, desisti, preferindo permanecer no hotel em Lhasa. Maior que meu desejo de conhecer as deslumbrantes paisagens pelas quais se passa para chegar a esses lugarejos totalmente primitivos era minha necessidade de descansar e digerir em silêncio todas as belezas que havia visto e as emoções sentidas. Estando ainda um tanto debilitada pelo mal que havia sofrido, resolvi me fortalecer, recebendo uma massagem *shiatsu*, existente no próprio hotel. Que maravilha! A massagista, uma robusta tibetana, *expert* nesse tipo de terapia, me botou novinha em folha, pronta para saborear tudo o que surgisse à minha frente.

Agora sozinha, passeei a pé, até a vasta área verde onde está o Palácio de Verão, onde, outrora, veraneava o Dalai Lama. Depois de ver detalhadamente os interiores do palácio, fiquei desfrutando os maravilhosos recantos de seus jardins.

No dia seguinte, saí caminhando pela grande avenida principal. Fui devagar, observando o povo e as casas de comércio, até chegar à ampla praça em que está o Potala, gigantesco e imponente palácio que fora sede do governo tibetano. Parei no grande parque arborizado à sua frente e, sentando em um de seus bancos, fiquei admirando a belíssima arquitetura nativa, diferente de todas as que já havia visto. Não tive vontade nem forças para subir as infindáveis escadarias que levam aos interiores do Potala, até porque não seriam muito diferentes dos que já vira antes no Palácio de Verão.

Passei umas boas horas vagando por ali, simplesmente observando os habitantes, alguns agrupados para uma espécie de jogo, outros em torno de uma barraca de lanches. Ao me aproximar de um pequeno lago em cuja superfície vi refletido o Potala inteiro, me detive para tirar uma foto. Só quando me agachei para conseguir um

Palácio Potala, em Lhasa, capital do Tibete.

melhor ângulo é que notei, intrometido bem à frente do palácio, um mastro com a bandeira chinesa desfraldada. Mais uma demonstração de que tudo o que existe está em permanente transformação, ponderei ao clicar a foto.

De novo em território chinês, desta vez para conhecer Guilin, região que fica próxima ao Tibete.

Novamente, a brusca mudança de cores: inversamente à luminosidade do Tibete, a paisagem de Guilin se apresenta toda em tons verdes, predominantemente o escuro, sob um céu acinzentado e brumoso e, no entanto, de igual beleza.

Esses tons permeiam tanto a água do rio Lijiang quanto as altas elevações estreitas e pontiagudas que se estendem além de suas margens. No longo passeio de barco que fizemos, avistamos um pagode no topo de uma dessas elevações pontiagudas, o que nos desafiou a decifrar de que forma poderia ter sido ali construído. Ou pendurado? Nas áreas planas rentes ao rio, as ramagens dos arbustos parecem cabeleiras verdes penteadas pelo vento, numa só direção. Todo esse entorno e a placidez do rio fluindo retratam ao vivo o que nenhum quadro chinês, por mais artístico que seja, é capaz de reproduzir.

De dentro dessa natureza selvagem e serena, partimos para o centro do movimento e poder da China atual.

Shangai. Já era noite quando desembarcamos em seu moderníssimo aeroporto.

Embora já tivéssemos ouvido relatos sobre a modernidade e potência dessa cidade, ficamos boquiabertas com a quantidade de luzes acesas durante todo o percurso do aeroporto até o centro onde ficava nosso hotel, o mais tradicional e antigo da cidade.

De suas janelas viam-se, a certa distância, edifícios mais altos e de arquitetura mais arrojada do que os de Nova York. Inacreditável que Shangai, cidade cujo nome sempre me sugeriu o que podia haver de mais antigo na civilização chinesa, fosse de tal modernidade e riqueza. A quantidade de luzes não só nas ruas e letreiros mas também nas inumeráveis janelas dos arranha-céus, dava um aspecto feérico à cidade. Uma Manhattan de última geração.

Depois de nos levar para jantar em um dos restaurantes representativos da cidade, situado à beira de um lago, a guia quis nos levar a conhecer a vida noturna, mas preferimos nos guardar para o dia seguinte.

De manhã, depois de um farto café à ocidental, saímos a esmo. A menos de três quarteirões do hotel, encontramos um imenso parque arborizado. Ao penetrar nele, ficamos pasmas por ver que ali se desenrolava um espetáculo fenomenal: a uma boa distância um do outro, cada espaço do parque era tomado por um diferente grupo de pessoas, cada qual praticando um tipo de exercício. Uns treinavam o Tai-Chi-Chuan, outros o Chi-Kung, outros o duelo de espadas, outros a dança do leque e outros, até o rock e o tango. Ficamos maravilhadas ao ver velhos casais dançando, juntinho, o tango.

Ao pararmos em frente a um grupo de moças, para apreciar a leveza e graciosidade com que elas executavam a dança dos leques, pedi à guia que perguntasse a uma das jovens de que maneira conseguiam produzir um determinado efeito cuja originalidade nos intrigava. Quando a guia transmitiu meu recado, tive a surpresa de vê-las todas virem em nossa direção, para nos mostrar de perto.

Depois de nos demonstrar, em movimento lento, de que forma eram produzidos os tais efeitos, pediram que, em troca, lhes mostrássemos a dança de nossa terra. Minhas amigas logo apontaram em minha direção, uma vez que eu fora do mundo do espetáculo. Não tive como escapar da retribuição às moças. Tive que dançar um samba, ritmado e cantado por mim mesma com refrão das amigas, enquanto as jovens, entusiasmadas, tentavam imitar meus passos e requebrados. Uma festa de intercâmbio artístico-cultural em plena praça, à luz do dia.

Uma tarde em que saímos sem a guia, apanhamos um táxi e fomos conhecer a parte velha da Shangai. Tal como imaginávamos, as construções eram típicas de época primitiva, com becos misteriosos, vielas, casas de chá, multidões se movimentando. Havia tanto para ver que não se sabia por onde começar.

A certa altura, parei por um segundo a fim de localizar, no mapa que trazia à mão, o local onde nos encontrávamos. Foi o bastante para não mais avistar minhas companheiras em meio à multidão. Inteiramente perdida, entrei em pânico. Resolvi permanecer exatamente onde estava, imóvel como uma estátua, na esperança de que minhas amigas se dessem conta de minha falta e voltassem para o local onde tínhamos nos falado pela última vez. Mas, nada. O pânico aumentou ainda mais quando percebi que nem sequer tivera a precaução de trazer comigo o cartão do hotel, nem tampouco lembrava seu nome e muito menos o da avenida em que se situava para poder voltar a ele de táxi. Fiquei ali estatelada, ansiando por encontrar alguma pessoa ocidental com quem pudesse me entender em inglês. Mas, nada. Já haviam se passado mais de dez minutos quando, colocando-me sobre uma pequena caixa de madeira deixada na calçada, avistei, entre as inúmeras cabeças que se moviam, um chapéu igual ao que eu havia comprado no início da viagem. Era Carol, que por ali vagava tranquilamente. Fui correndo ao seu encontro.

Encontramos Bianca, logo adiante, e seguimos em direção ao mais antigo parque ajardinado. Pela primeira vez, vimos trilhas que, em lugar de curvas, seguiam retangularmente. Divertindo-nos com essa novidade, prosseguimos até a anunciada casa de chá, também a mais antiga de Shangai. Ao entrarmos, não havia nenhum dos personagens que imaginávamos encontrar: velhos chineses de ralas barbas com expressões enigmáticas e sábias. Só restava o cenário; os personagens eram ocidentais curiosos, como nós.

Essa parte velha, por ser muito procurada por visitantes estrangeiros e da própria China, é muito bem conservada, e percebe-se que uma ou outra coisa foi restaurada.

Já quase anoitecia quando nos distanciamos do centro da Shangai antiga à procura de um táxi. Sem querer, fomos parar em pequenas vielas habitadas por famílias pobres. Pela reação dos moradores, não era habitual passarem turistas por lá; olhavam-nos com desconfiança e hostilidade. Disfarçamos nossa curiosidade e, com muita discrição e cuidado, pudemos espiar, através de janelas ou portas abertas, como viviam esses cidadãos menos afortunados. O espaço de cada vivenda, uma colada à outra, era mínimo; contudo, em seu interior, não faltavam regalias como fogão a gás, geladeira pequena e aparelho de tevê.

Deixamos Shangai em voo direto para Hong Kong, de cujo aeroporto sairia o nosso voo de volta ao Brasil.

Já havia estado nessa cidade, onde fiz uma escala aérea de dois dias, quando viajei do Japão à Índia, por volta de 1980. Não guardava dela agradável recordação. Comi, nessa ocasião, alguma coisa que me fez mal e passei os dois dias praticamente fechada no hotel.

    A única boa recordação que tinha era de sua baía, em cujas águas flutuavam inúmeras embarcações movidas a velas que se pareciam com gigantes leques escancarados.

    Nessa segunda visita, a guia nos levou justamente a essa zona portuária. Os mesmos barcos lá estavam, mas, para minha frustração, sem as fantásticas velas.

    Tomamos um pequeno barco a motor para cruzar a baía e conhecer seu famoso cais flutuante. Ao cruzarmos com os grandes barcos, despidos das lindas velas de outrora, notamos que alguns pareciam ser residências. Na parte coberta de um deles, se via uma mulher cozinhando e, na área aberta de um outro, uma moça estendia roupas num varal enquanto cães vinham latir para o nosso barco que se aproximava.

    Soubemos depois que eram, de fato, residências e que nelas algumas famílias vivem há várias gerações. O governo já havia construído moradias em terra firme para esses pescadores, mas muitos deles se negam a morar fora de seus barcos, criando assim um problema para a cidade.

    Fomos uma tarde conhecer a parte residencial localizada nas montanhas da baía. O carro serpenteava por uma estrada de asfalto, margeada de ambos os lados por arranha-céus colados uns aos outros; das janelas dos apartamentos, todas fechadas, mal se conseguia ver o mar lá embaixo.

    Descemos até uma pequena praia onde havia grandes imagens coloridas e pagodes, mas sem qualquer autenticidade, contrariamente a tudo o que havíamos visto anteriormente. Ali, em Hong Kong, tudo parecia ter sido feito apenas "para inglês ver".

    No centro da cidade, onde se situava nosso hotel, os altos prédios eram todos tão abarrotados de anúncios comerciais que não se conseguiam ver suas fachadas. Era comércio e mais comércio, vitrines abarrotadas de produtos de toda espécie, ruas tomadas por camelôs, o epicentro do consumismo capitalista.

    Fiquei boa parte do tempo no hotel, aguardando a hora de partir. A essa altura, tudo o que eu queria era chegar em casa, meu ninho verde e tranquilo, no outro lado do mundo.

Escandinávia (2001)

Na viagem que fiz à Escandinávia tive a sorte de contar, mais uma vez, com a companhia de Carol.

Nosso voo saiu do Rio de Janeiro direto para o aeroporto de Frankfurt, onde, depois de duas horas de espera, embarcamos em outro avião que nos levou a Helsinque, capital da Finlândia.

Logo que chegamos ao hotel, recebemos uma mensagem pedindo que comparecêssemos à noite, no mezanino, para uma reunião relativa à excursão.

Ainda sem desfazer as malas, com a presteza de quem acaba de chegar à sua própria cidade, Carol apanhou o mapa urbano que estava sobre uma escrivaninha e saiu dona de si pelas ruas, enquanto eu, zonza, tive que ficar recostada, tentando me refazer do fuso horário.

À noite, quando comparecemos à reunião, o sol ainda reinava. Em torno de duas mesinhas de centro estavam sentados todos os outros integrantes da excursão. Fomos apresentados uns aos outros pelo guia Marcos, um simpático jovem que, apesar de ser sueco, falava perfeitamente o espanhol, idioma herdado de sua mãe.

Os excursionistas eram, em sua maioria, da Argentina: dois casais de meia idade; quatro mulheres em torno dos sessenta; outra em torno dos oitenta; um casal de mexicanos e nós duas, brasileiras, perfazendo treze pessoas, incluindo o guia.

No dia seguinte, depois do café da manhã, embarcamos em avião doméstico da SAS com destino a Rovaniemi, capital da Lapônia Finlandesa, onde realmente se iniciava a excursão.

Depois de um jantar e uma noite bem dormida nessa cidade, embarcamos, pela manhã, num confortável ônibus, no qual passaríamos boa parte do tempo daí em diante.

Pelas estradas maravilhosamente pavimentadas, o veículo deslizava suavemente, permitindo-nos ver, através de suas amplas janelas, a paisagem em toda a sua extensão: intermináveis florestas de ciprestes, pinheiros e eucaliptos de um verde denso, diferente do tom dessas mesmas árvores nos climas tropicais. Diferia também dos nossos eucaliptos a cor branca de seus troncos.

Um bando de renas surgiu de repente, de dentro da floresta, tentando atravessar a estrada. O frêmito geral fez que o motorista reduzisse a marcha quase a zero, para que pudéssemos admirar a elegância desses bichos, enquanto as máquinas fotográficas eram tiradas às pressas de dentro das sacolas.

Nossa primeira parada seria em Saariselkä, local onde se originou a figura mitológica do Papai Noel. No Rio, quando vi essa atração incluída no roteiro, protestei alegando que não me interessava. Mas a agente de viagem explicou-me que a parada seria breve e só fora incluída por situar-se na estrada pela qual tínhamos que passar obrigatoriamente para chegar ao norte da Noruega, nosso destino.

Ao chegarmos a Saariselkä, vi logo que se tratava de cenário montado com algumas renas empalhadas junto a antigos trenós. O Papai Noel, com barba e cabelos brancos postiços era, na verdade, um robusto finlandês que se oferecia para ser fotografado ao lado de turistas em troca de alguns vinténs. Nada diferente do que se vê no mês de dezembro em qualquer shopping do meu país. Sentindo-me insultada, saí e fiquei vagando por entre as árvores, respirando o frescor da magnífica floresta, apreciando a luz tênue filtrada pelas altas ramagens das árvores.

Quando retornei ao ônibus, na hora marcada para sua partida, encontrei Carol sozinha, já a postos na poltrona. Ela também ficara contrariada e voltara para o ônibus mais cedo do que o combinado.

À medida que entrávamos em território da Lapônia, já dentro do círculo polar ártico, passávamos por vilarejos típicos dessa região.

Desembarcamos para visitar a aldeia mais primitiva que conserva as mesmas características de quando os pioneiros ali começaram a se instalar.

Suas cabanas têm o telhado coberto por uma grossa camada de relva, como se pedaços do chão tivessem sido transportados para cima, dando a impressão de que as moradias são um prolongamento do solo.

Depois, fomos até uma grande cabana circular que, primitivamente, servia para os encontros comunitários. Suas portas são tão baixas que tivemos que nos curvar para poder passar. Seu interior, muito bem conservado, ofereceu-nos a perfeita noção de como se desenrolava a vida nessa região gelada: no centro, o fogo flamejante, circundado por uma mesa longa e maciça, em torno da qual nos sentamos para almoçar. O cardápio servido era típico da região: carne de rena. Felizmente os responsáveis pela excursão não haviam se esquecido de que eu não como carne vermelha. Foi-me servido um magnífico salmão que, para meu gáudio, é o prato mais comum em toda a Escandinávia. O encanto e a autenticidade de tudo o que víamos desfez por completo a má impressão que havia nos causado a parada anterior, coisa que, felizmente, não mais se repetiu durante toda a viagem.

Cabana típica da Lapônia, norte da Escandinávia.

Porém, algo que temia começava a acontecer: o enjoo que viajar de ônibus me causa. Mas, esse era o único meio de transporte para chegar aos locais de difícil acesso que pretendíamos visitar. Por sorte, no dia seguinte, durante os quatrocentos quilômetros de estrada que nos separavam do Cabo Norte, as curvas começaram a diminuir à medida que as paisagens se apresentavam mais abertas para o horizonte com grandes lagos cristalinos e colinas ao longe.

Entrávamos, de repente, em túneis subaquáticos construídos com os mais sofisticados recursos arquitetônicos. Atravessamos um deles com vinte e quatro quilômetros de extensão sob as águas.

O cuidado para que a natureza não fosse desfigurada com a construção dos túneis era evidente. A modernidade da estrada foi estrategicamente construída de forma a não ferir a paisagem selvagem em seu entorno.

Chegamos, finalmente, ao pedaço da Terra que mais se aproxima da calota polar: o Cabo Norte, falésia que se debruça sobre o Mar Glacial Ártico. Eram oito horas da noite quando chegamos, mas a luz era de pleno dia.

O ônibus parou em frente à Sede de Estudos e Observação do Cabo. Saltamos e nos dispersamos cada qual desbravando, a seu modo, o planalto que acaba abruptamente sobre o oceano glacial. Caminhei sozinha pelas suas bordas, contemplando a imensidão, somente céu e água à vista! Apesar de o relógio marcar quase onze horas da noite, o sol continuava a pairar bem acima da linha do horizonte. A cada momento as cores do céu e do mar ganhavam novas tonalidades, criando no espaço uma atmosfera de beleza arrebatadora. Só voltei a mim quando alguém do grupo veio me chamar para o jantar.

Em um grande salão envidraçado, de frente para todo esse espetáculo da natureza, havia um bufê com toda espécie de mariscos, além de salmão e arenque defumados e preparados de variadas formas. Após a sobremesa, à meia-noite, fomos convidados a ir até um outro salão para a cerimônia de entrega do registro que atesta a passagem de cada pessoa por aquele extremo longínquo. Estranhei que um cortinado escuro cobrisse as vidraças impedindo a visão do horizonte. Mas, antes que eu perguntasse qual a razão, estourou a primeira champanha e a cortina, como num rito teatral, foi aberta para que admirássemos, mais uma vez, o sol ainda luzindo acima da linha do horizonte!

Sol da meia-noite no Cabo Norte, Noruega.

Esse deslumbramento me arremeteu de volta à infância, quando ouvi pela primeira vez as expressões "aurora boreal" e "sol da meia-noite". O simples som dessas palavras suscitou em meu imaginário infantil fantasias etéreas de tão grande beleza que, desde então, arraigou-se em mim o desejo de ir até esse fim de mundo, ou começo?

Enquanto seguíamos em direção a Tromsø, nosso próximo destino, perguntei ao guia se teríamos oportunidade de ver a aurora boreal.

— É impossível nesta época do ano, enquanto ainda é verão aqui. Ela só é visível durante o inverno — respondeu-me.

— Como assim, ela não aparece sempre? — quis saber.

— A aurora boreal é um fenômeno que se dá permanentemente no céu do Pólo Ártico, mas a claridade do verão veda-a à nossa vista, do mesmo modo que a luz das estrelas não pode ser vista à luz do dia.

— Ah! Então elas aparecem sempre que a noite está escura? — voltei a inquirir.

— Nem sempre. Mesmo no inverno, é preciso que haja condições exatas; não pode haver nenhuma nuvem na atmosfera, por exemplo. Mas, quando as auroras boreais surgem, são como clarões de radiações coloridas que pairam no céu por alguns minutos e tornam a sumir.

Minha curiosidade aguçou-se ainda mais, passando, daí em diante, a colher toda e qualquer informação a esse respeito.

Em Tromsø, no aconchegante hotel em que ficamos hospedados, durante o régio jantar que nos foi servido, pude apreciar, através das imensas vidraças, o cais em frente com seus graciosos barcos ancorados. Finda a sobremesa, resolvi passar a vista nos cartões postais expostos no saguão. Entre eles, vi um mostrando algo que, a princípio, pareceu-me uma pincelada verde e esgazeada, lançada contra uma tela negra por algum artista. Ao pegar o cartão para ver de perto, meu coração bateu mais forte: era a própria aurora boreal! Em outro cartão, também contra um fundo negro, ela tomava forma semelhante a uma baforada de fumaça colorida se desmanchando no ar, sugerindo formas fantásticas. Essas imagens fotografadas e reproduzidas nos cartões, fiquei sabendo, são das auroras mais fugazes; as auroras mais duradouras têm formas ainda mais intrigantes: assemelham-se a drapeados de cortinas de gases coloridos, ondulando no espaço noturno.

Em Kiruna, cidadezinha onde paramos para almoçar e visitar o museu de pinturas rupestres, tive a sorte de descobrir, em um setor interno do museu, um vídeo mostrando todos os tipos de forma que tomam as auroras boreais. O vídeo não durava mais do que quinze minutos, mas fiquei vendo-o repassar até que vieram me buscar para prosseguir viagem.

De onde veio esse encantamento por tal fenômeno celeste? Não sei. Mas parecia estar reencontrando algo de que havia sido apartada há tempos imemoriais.

De volta ao ônibus, ao comentar o vídeo, fiquei sabendo, por uma das excursionistas que estivera em Vancouver, no Canadá, que lá também as auroras boreais podem ser vistas, sendo que ali elas adquirem sempre tons de vermelho. Pode haver mistério mais encantador?

Nossa etapa seguinte foi Estocolmo, capital da Suécia, aonde chegamos por via aérea ao cair da noite. Nosso hotel, mais simples do que os anteriores, tinha a vantagem de ser localizado em um lugar bastante central, o que facilitava nossa locomoção para todos os lados.

Os interiores do antigo hotel faziam lembrar cenários de certos filmes dos anos 1950. Seus móveis, paredes, decoração, ainda que desgastados pelo longo tempo de uso, pareciam dar um pálido testemunho do esplendor social dessa cidade na época em que por ali circulava o seu grande mito do cinema: Greta Garbo. Quanto ao outro mito, o cineasta Ingmar Bergman, cujos filmes foram meus favoritos durante décadas a fio, vivia agora isolado na pequena ilha de Faro, o que parece comprovar a nova tendência no modo de viver resultante da excessiva densidade demográfica nos grandes centros urbanos.

Sobre a vida do cineasta nessa ilha, junto a Liv Ullmann, sua atriz favorita, com quem se casou, tomei conhecimento quando assisti ao filme *Infiel*, dirigido por ela, depois de já terem se separado. No filme vi confirmada a impressão que sempre tive de que o cineasta é um homem tremendamente problemático.

Estocolmo é uma cidade lindíssima, cortada por canais de águas límpidas formando inúmeras ilhas nas quais se veem palácios antigos circundados por imensos jardins e bosques.

Nos quatro dias de estada ali, tive tempo para estudar com calma o mapa urbano e poder sair a sós para perambular a esmo descobrindo a cidade, como me apraz fazer.

Caminhei a pé até o Palácio da Prefeitura, onde se desenrolam as cerimônias de entrega do prêmio Nobel. O palácio é imponente e bonito, com amplas áreas verdes e floridas que se estendem até a beira de um canal. Bastar-me-ia admirá-lo por fora se não fosse a curiosidade de ver seu interior, palco das cerimônias do prêmio Nobel.

Entrei na área nobre onde se dão as cerimônias de premiação: o imenso salão tem uma decoração bela e sóbria, condizente com o espírito das grandes criaturas que ali tiveram seu valor reconhecido pela contribuição que deram ao aperfeiçoamento humano em todas as áreas do saber.

Contíguo a esse, há outro vasto salão onde são realizados, após a premiação, o banquete seguido de um grande baile. Em certo momento ri ao imaginar como, ao receber o prêmio Nobel, teria se comportado Gabriel García Marques, tão avesso à vida social que declarou publicamente mais de uma vez que mais de cinco pessoas, para ele, é multidão. Como teria se comportado ali ao se ver sentado diante de uma mesa formal com lugares marcados, em meio a uma centena de personalidades e, entre elas, o rei e a rainha do país?

Ao perambular uma tarde pela região mais antiga da cidade, ouvi sons de tambores e cornetas. Percebi, pela súbita movimentação de pessoas indo naquela direção, que algo de especial estava acontecendo. Depois de andar mais alguns metros, ao dobrar uma esquina, deparei com o Palácio Real. "É a mudança da Guarda Real", anunciavam todos afoitos, enquanto tentavam furar a multidão já formada.

No imenso pátio em frente ao palácio, uma centena de oficiais engalanados com vistosas fardas marchava em perfeito alinhamento, em retirada. Ao mesmo tempo, do outro lado surgia um outro pelotão, cujos oficiais, ao cruzarem com os primeiros, recebiam destes as carabinas para os substituírem na função da guarda. A plasticidade e precisão de movimentos ao som de tambores e cornetas ofereciam um espetáculo que nem mesmo as megaproduções cinematográficas de Hollywood conseguiriam reproduzir.

O Palácio Real continua a manter a tradição desse ritual, muito embora o rei e a rainha residam, a maior parte do ano, no Palácio Drottningholm, a três horas de distância. Não deixa de ser estranho, para quem vive no continente americano, observar que a realeza, que nos parece coisa de fábulas, ainda esteja viva em alguns países europeus e escandinavos.

Findo o espetáculo, continuei a desbravar a região, andando pelas ruazinhas estreitas ladeadas por antiquíssimos sobrados coloridos cujos andares térreos foram transformados em lojas de produtos suecos. Detive-me numa pracinha, a Stortorget, que parecia transpirar a vida ali transcorrida nos séculos anteriores. O calçamento conservava ainda as pedras originais assim como um chafariz de bronze com esculturas de serafins, típicas construções antigas e geminadas, parecendo chalés altos, de três ou quatro planos, cada um com diferente colorido. De atual, só algumas mesinhas armadas ao ar livre com serviços de café e lanches, todas tomadas por turistas. Sentei-me num dos bancos públicos e fiquei absorvendo a vida que ali pulsava.

Depois de longo tempo, ao olhar para outro lado, tive a surpresa de ver um letreiro, quase imperceptível: Museu do Prêmio Nobel. Sem querer tinha ido parar diante da atração que eu havia reservado para visitar no dia seguinte. Entrei no museu, cujo custo do ingresso é irrisório, e ali passei o restante do dia.

Apesar de sua fachada antiga, por dentro o museu é equipado com a mais avançada tecnologia: colunas com múltiplas telas exibem ininterruptamente imagens da entrega dos prêmios a cada laureado e os sequentes banquetes e bailes.

Os salões laterais eram formados por dois auditórios com telas tridimensionais que mostravam não só a cerimônia de premiação de cada laureado como também uma resenha explicativa do teor da obra premiada. Além dos dados biográficos do autor, alguns documentários mostravam-no em seu próprio lar ou gabinete de trabalho.

Foi uma sensação ver, ainda que em preto e branco, com a imagem um tanto chapiscada pelo tempo, a figura de Einstein, com seu extraordinário senso de humor sempre estampado no rosto, cruzando a praça em frente ao palácio, junto a um grupo de acompanhantes.

Uma outra projeção mostrava Jean-Paul Sartre, único a ter recusado o prêmio em toda a história do Nobel. Nem por isso fora omitida a razão de sua recusa, como mostravam reproduções de manchetes dos jornais da época. Nelas, Sartre justificava sua atitude: "Por mais consciente que fosse o indivíduo, uma premiação resultaria para ele em certa perda de liberdade". De fato, pensei, ao ser premiado, o indivíduo tende, daí em diante, a querer superar a si mesmo, perdendo assim a espontaneidade. Mas, quem garante que tenha sido essa a motivação de Sartre e não outra, como o desejo, talvez inconsciente, de ganhar ainda mais destaque, uma vez que seria o primeiro na história a recusar um Nobel?

Deixamos Estocolmo em direção a Mora, cuja maior atração é o museu do célebre pintor sueco Anders Zorn, que ali viveu. Quando chegamos já começava a anoitecer e, embora fosse apenas um lugarejo, o hotel em que nos hospedamos era muito confortável.

Antes de ir visitar o museu do célebre pintor, pus-me a vagar pelos arredores. Na pracinha central havia uma igreja antiga, em estilo medieval, com imenso gramado entremeado de pequenos canteiros floridos. Andando pelas suas estreitas alamedas percebi, aos poucos, que junto a cada tufo de flores vivas havia discretas lápides e, que, na verdade, o jardim abrigava um cemitério diferente dos que havia visto até então: sem as campas, estátuas ou monumentos característicos.

Isso me fez medir a enorme distância, não só geográfica mas também de costumes, que separa aquele país do meu. No entanto, uma estaçãozinha de trem logo adiante, com uma maria-fumaça ainda em funcionamento, trouxe-me uma agradável sensação de familiaridade com esse lugarejo plantado no outro lado do mundo.

Depois de uma visita ao museu, fui ao encontro do grupo que já começara a instalar-se no ônibus para dar prosseguimento à viagem que deixava para trás a Suécia para penetrar de novo em território norueguês, desta vez, em outra região.

Íamos para Lillehammer, interior da Noruega, onde estão as principais pistas de saltos de esqui na neve de toda a Escandinávia e onde se realizam os campeonatos olímpicos desse esporte.

Perguntei ao guia por que haveríamos de parar ali uma vez que, não sendo inverno, não havia neve. "Porque ali está situado o hotel mais próximo de nosso trajeto rumo aos fiordes", respondeu.

Chegamos a Lillehammer no meio da tarde e, para meu desagrado, antes de ir direto ao hotel, onde eu pretendia descansar até a hora do jantar, o ônibus nos levou um pouco adiante, para que conhecêssemos a famosa pista de saltos. Desci contrariada.

Mas tudo mudou quando vi que, apesar de não haver neve, esquiadores deslizavam por uma rampa que se perdia nas alturas, e ao atingirem velocidade, lançavam-se no espaço, voando como pássaros. Aterrissavam depois no chão, em pé, equilibrando-se sobre os esquis. Era tal a velocidade com que tocavam o solo ao aterrissar que, embora freassem, mudando a posição do corpo e dos esquis, continuavam a deslizar por centenas de metros, até que gradativamente iam perdendo a velocidade. Tão fantástico que despertei da sonolência em que estava e me enchi de entusiasmo.

Passado o primeiro impacto, pus-me a observar como eram possíveis aqueles saltos se não havia neve. Percebi então que a pista toda era recoberta por camadas de finas franjas de plástico que, umedecidas, permitiam um deslizamento similar ao da neve. Aquilo servia como pista para treinamento durante todo o ano, o que permitia aos esquiadores esmerarem-se para os campeonatos de inverno.

Já havia visto pela tevê vários saltos na neve, mas a telinha estava longe de transmitir ao espectador a dimensão da altura dessas pistas.

Aproximei-me da área em que os esquiadores aterrissavam para observá-los de perto. Tão logo paravam, desatavam os pesadíssimos esquis dos pés, arrancando em seguida a parte superior da vestimenta elástica e justa que usavam. Eram jovens, a maioria beirando a adolescência; todos saudáveis, belos e escandalosamente vigorosos. A desmedida bravura deles, concluí, só podia ser explicada pela herança sanguínea dos *vikings*.

Pouco tempo depois de termos deixado Lillehammer, outro espetáculo nos esperava, dessa vez oferecido pela natureza: os fiordes, altíssimas montanhas cobertas de mata virgem que se debruçam sobre golfos estreitos de águas tão límpidas e plácidas que suas superfícies refletem as montanhas e o céu com a mesma nitidez com que são vistas na terra.

Circundando as estreitas vias cavadas ao pé das montanhas, rentes à água, o ônibus ia revelando novos fiordes a cada curva que fazia.

Depois de ver os fiordes pelo ponto de vista da terra chegou o momento de vê-los do ponto de vista da água. Para isso, um barco aguardava no cais do fiorde de Sogn, para nos levar, junto a outros passageiros vindos da Itália, para um cruzeiro de quatro horas de duração.

O interior do barco era bastante confortável, com assentos ao redor de mesas colocadas diante de janelões, com serviços de café e lanche. Fui direto ao convés para poder ver a paisagem em toda a sua amplitude.

O barco penetrava pelas entranhas dos fiordes; lugares inabitados onde só havia natureza virgem com montanhas cobertas de mata e águas cristalinas. Minha sensação era a de se estar no início da formação da Terra, quando ainda não existia a espécie humana.

À medida que o barco avançava, mais irremediavelmente afastada da civilização me sentia. As condições atmosféricas mudavam subitamente, de um momento para o outro. Ora o sol inundava a paisagem de cores vivas e brilhantes, ora nuvens de chumbo a encobriam fazendo-a parecer sombria, ora o vento frio e a garoa levavam todos a se recolher para dentro do barco.

Tive a sorte de ainda estar no convés quando, após um período de garoa fina, o sol surgiu de repente formando um glorioso arco-íris. O convés, até então quase vazio, se encheu de passageiros armados de câmeras fotográficas e filmadoras para fixar aquele momento mágico.

Ao retornar ao interior do barco, dei com um quadro surrealista: nosso motorista concentrado em seu *laptop*. Era como se tivesse entrado num filme de ficção científica no qual os humanóides haviam inventado uma pequena máquina que anulava o absoluto isolamento que sentira antes no convés. Aproximei-me do jovem e perguntei se me permitiria enviar uma mensagem para o Rio – queria verificar se a pessoa que eu deixara incumbida de fazer um pagamento de fato o havia feito. Gentilmente ele me cedeu seu lugar e com um simples teclar de dedos minha mensagem chegou ao outro lado do planeta. Antes mesmo que lhe agradecesse o rapaz me perguntou se não queria aproveitar para ver se havia correspondência em meu *e-mail*. Não, disse-lhe sem pestanejar. Não queria correr o risco de encontrar alguma notícia que perturbasse o maravilhoso cruzeiro que só terminou quando chegamos ao cais de Gudvangen.

Ali, outro ônibus nos aguardava para prosseguir viagem, desta vez subindo pelas montanhas, até chegarmos ao topo de uma das mais altas, onde se situa Stalheim, lugarejo com apenas um pequeno e aconchegante hotel. De meu quarto via, através das janelas, lá embaixo, o vale cercado pela cadeia de montanhas. Lugar paradisíaco.

A alguns passos de distância do hotel, havia um museu ao ar livre em pleno bosque. Ali haviam sido conservadas as pequenas choças erguidas com toras, nas quais se abrigavam os primeiros desbravadores que chegaram a esse cume. Suas cabanas tinham o telhado coberto com relva, como as que eu vira na Finlândia. A densidade das árvores tingia de verde toda a atmosfera, o solo, os casebres, as ferramentas arcaicas, dando a ilusão de um cenário de fábulas.

Os dois dias passados nessa região de verdes e silêncios nos abasteceram de vigor pelo restante da viagem.

Bergen, antiga capital da Noruega, foi construída à beira de um canal. Em seu cais, os mastros de inúmeros barcos ancorados dançam ao movimento das águas.

O Neptun, hotel acolhedor em que ficamos hospedadas, ficava a poucas quadras desse cais onde, todas as manhãs, era montada uma maravilhosa feira de peixes – imperdível, segundo uma amiga, professora de arte, que ali estivera.

Fui ao cais logo na manhã seguinte e encontrei o mercado já em pleno funcionamento, com suas barracas e tendas expondo todas as espécies de mariscos, peixes e crustáceos. Vendedores apregoavam seus produtos em variados idiomas enquanto as pessoas, alegres, faziam suas escolhas. Lugar caloroso e vibrante de vida. Perambulei um bom tempo pelas tendas vendo peixes e crustáceos que nunca havia visto antes. Pequenos quiosques vendiam sanduíches de salmão cuja quantidade do peixe era escandalosamente maior do que a do pão. Comprei um deles e mais alguns petiscos e fui sentar em um dos bancos em frente ao cais, a fim de saboreá-los enquanto assistia à vibrante movimentação.

À tarde, fui andar pelas ruelas antigas das vizinhanças. Uma delas me deteve pelo seu encanto: uma sucessão de pequenas casas com um mínimo jardim à frente, separadas umas das outras por um pequeno espaço lateral. Embora obedecessem ao mesmo tipo de construção, diferiam entre si, pelo estilo ou pelos retoques nas portas de entrada, nas cores de fachada e nos arranjos dos jardins, revelando o pendor artístico de cada morador. O que tinham em comum era o uso de cortinas de renda branca vedando apenas a metade inferior das janelas, para impedir que os interiores da casa fossem devassados por passantes curiosos. Não havendo vivalma na rua, pude observar com tempo os detalhes criativos de cada moradia.

No dia seguinte fui visitar a catedral mais antiga de Bergen. A porta estava fechada, mas o lindo som de um coral feminino que ressoava no interior da igreja me fez parar para ficar ouvindo. De repente a porta se abriu e vi surgir um menino e uma menina, ambos louros e lindos, com trajes de cerimônia. Logo atrás vinham os noivos, seguidos pelo séquito de padrinhos e convidados que se espalharam pelo pátio, para os cumprimentos usuais. A alegria e a animação estavam estampadas no rosto de todos. Depois de abraçarem os noivos, punham-se a abraçar uns aos outros, sem parar.

Em certo momento a cena foi como que congelada. Todos os olhos se fixaram na mesma direção: eram as duas lindas crianças que, de mãos dadas, posavam no alto da escadaria, a pedido de um fotógrafo, compondo um quadro que parecia haver sido pintado séculos atrás. Tudo me parecia tão lendário que permaneci ali compartilhando o júbilo de todos, que, naturalmente, me tomavam por alguma convidada. Essa extraordinária capacidade de me transportar para outras épocas, costumes e personagens é que torna minhas viagens tão emocionantes, pensei.

Ainda em Bergen, fomos almoçar no Einhjörnegen, o mais tradicional restaurante de frutos do mar, situado à beira do cais, em uma construção que foi a primeira a ser erguida, na época da fundação da cidade, e que servira de residência coletiva aos homens que vinham de longe em busca de trabalho. Em geral, eram pais de famílias pobres que chegavam sozinhos para retornarem ao lar mais tarde, nem sempre com o sonho de melhorarem de vida realizado.

Deixamos Bergen com destino a Oslo, desta vez viajando de trem.

Apesar de ser a capital de um país superdesenvolvido como a Noruega, Oslo conserva características antigas de urbanização horizontal. Nossa primeira visita foi ao parque Frogner, onde estão as esculturas feitas pelo mais reverenciado escultor norueguês, Gustav Vigeland.

O parque é imenso, com inúmeras esculturas representando fases históricas do país. Trabalho grandioso que nem a todos agrada, pela sensação de sufocamento que transmite.

Na manhã seguinte fui com Carol visitar o museu *viking* situado à beira de um canal, em região um tanto afastada da cidade. Sem acesso por terra, tivemos que tomar um barco para chegar lá.

Ao entrar no museu, deparei com uma autêntica embarcação tal qual era usada na época de desbravamentos e conquistas dos *vikings*. Nada de mais primitivo e, ao mesmo tempo, de maior leveza e elegância, com sua proa delgada e curvilínea, à semelhança de um cisne.

Como é que essa embarcação de aparência tão delicada podia resistir à violência das tempestades em alto mar? Nela não havia sequer uma pequena cabina que protegesse os navegantes da chuva e dos ventos. As únicas coisas que as embarcações transportavam eram alguns caldeirões e um fogareiro de ferro.

Como pertence pessoal, cada navegante levava, além da espada, apenas uma pequena caixa de madeira ou metal com fecho de ferro à guisa de cofre, onde guardavam documentos ou objetos que lhes eram preciosos. O ínfimo espaço da embarcação exigia que esses cofres servissem de assento para que os navegantes, geralmente em torno de onze a doze homens, pudessem se sentar para remar.

Como fora possível que, naquela embarcação precária, os *vikings* tivessem atravessado oceanos e mares conquistando tantos novos territórios? Viajei com eles por muitas horas enquanto observava também a mostra de suas roupas, feitas de couros e peles, já quase desfeitas pelo tempo.

Em outra ala do museu, estavam expostos outros tipos de embarcações que, com o decorrer do tempo, foram desenvolvidas com mais recursos como o de possuir uma cabina coberta tendo, dentro, dois planos separados por minúscula escada de madeira.

Fiquei surpresa ao constatar, num excelente livro que comprei sobre a sua história, que os *vikings*, além da bravura, eram dados também a um certo lirismo, como demonstram seus *kennings* – expressões que usavam. Referiam-se ao mar como "o caminho dos cisnes" e às espadas como "víboras das batalhas".

Consta que quando estavam em terra firme aqueles entre eles que possuíam talento poético ganhavam

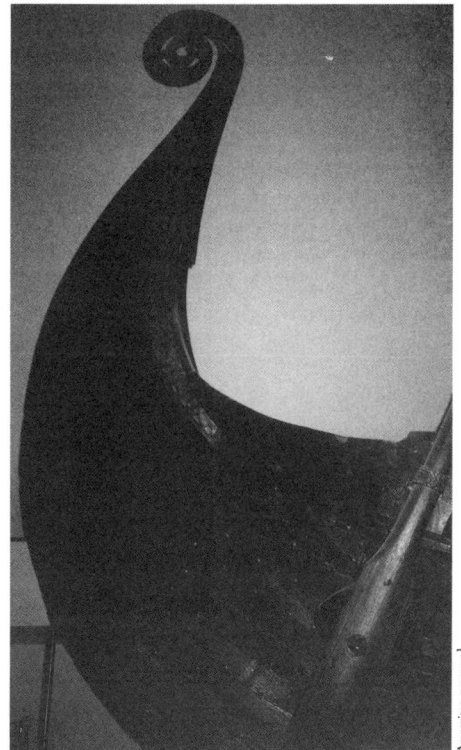

Lateral de um barco *viking*, Escandinávia.

a sobrevivência compondo versos de louvor a senhores ricos que, em troca, lhes abriam a casa, oferecendo comida, bebida e, às vezes, até hospedagem. A honra de ser enaltecido por *drapas*, como eram conhecidos esses versos, fazia que esses poderosos senhores mandassem gravá-los em madeira para expô-los como quadro nas paredes, o que lhes conferia mais prestígio.

Deixamos Oslo embarcando num navio no qual passamos uma tarde e uma noite até chegar a Copenhague, capital da Dinamarca.

O navio, uma verdadeira cidade flutuante, oferecia todo tipo de regalias, mas quase nenhuma pude aproveitar, tão mareada fiquei, apesar de ter tomado um remédio preventivo.

No jantar servido em luxuoso salão havia um bufê expondo os mais apetecíveis pratos, todos de minha preferência, mas mal pude tocá-los. Sentei-me por um curto tempo à mesa, mais para observar os tipos que ali apareciam, e me dei conta de que havia uma etiqueta para o jantar nos navios, pois estavam todos vestidos com as melhores roupas, enquanto eu comparecera de jeans. Fui logo para o convés contemplar o mar enluarado, recebendo no rosto as rajadas de vento que faziam melhorar meu mal-estar.

Antes de me recolher à noite, fui até o grande bar dançante ver se Carol lá estava. Mal cheguei perto de uma mesa desocupada, vi um homem elegante, de smoking, vindo em minha direção. Antes que ele perguntasse se eu queria que trouxesse alguma bebida, me antecipei fazendo-o entender, através de gestos, que não, não queria nada. Qual não é minha surpresa ao vê-lo ir em direção a uma mesa próxima e, repetindo o gesto diante de uma mulher sentada, vê-la se levantar para lhe dar a mão, indo ambos em direção à pista onde se puseram a dançar. Só então me toquei que o homem não era um *maître* e sim um passageiro que viera me convidar para dançar.

O navio chegou a Copenhague às oito da manhã sob as boas-vindas da Pequena Sereia, estátua de bronze símbolo da cidade, sentada em uma pedra vigiando a entrada do porto.

Ainda mareada, ao chegar ao hotel, localizado perto do centro, fui logo para meu quarto, onde permaneci deitada o restante do dia. Felizmente despertei bem disposta na manhã seguinte. Carol já havia saído para os museus que queria visitar, e eu saí pelas ruas, desbravando a cidade.

Só parei para fazer um lanche ao me deparar com um lugar especialmente pitoresco: um canal ladeado por estreitas ruas a darem passagem a uma sucessão de moradias, cujas formas aparentavam chalés altos, de dois ou três planos, todos geminados, sendo que cada uma de suas fachadas apresentava um diferente e forte colorido: laranja, ocre, marrom, azul, verde, amarelo. Sentei-me em um dos cafés ao ar livre, próximo ao cais, observando o movimento dos barcos que traziam e levavam passageiros para diferentes cantos da cidade.

Vista do cais de Copenhague, Noruega.

    Desse mesmo cais saíam os barcos com *tours* para os grandes castelos de Frederiksberg, de Fredensborg e de Kronborg, este último mais procurado pelos turistas por ser aquele em que Shakespeare situou sua tragédia *Hamlet*. Não tive vontade de fazer esse passeio; já havia visto castelos demais.
    Preferi ir ao planetário, onde estava havendo uma grande mostra sobre astronomia e astrofísica. Ali passei boas horas, colhendo informações e vendo reproduções de todos os planetas do sistema solar. Assisti também a um filme, em três dimensões, sobre a criação do universo, demonstrando como se formam as estrelas, os planetas e as galáxias; como surgiu a primeira célula viva, a mais elementar, até a complexidade de todos os organismos existentes.

Espetacular demonstração do macro e do microcosmo, provando que tudo o que existe, desde o maior até o mais ínfimo, está interligado.

No penúltimo dia da viagem saí caminhando até a Biblioteca Real. Sua fachada de tijolos, com grandes arcos e colunas, sugere uma solidez indestrutível. O aspecto severo e solene é amenizado por um lindo vitral colorido com desenhos artísticos, acima da entrada principal. O pátio exterior é amplo, com muitos canteiros floridos e grandes árvores centenárias, sob uma das quais está uma majestosa estátua esculpida em bronze, do filósofo Kierkegaard.

Por acaso notei que, camuflada por plantas trepadeiras e arbustos, havia uma espécie de passagem. Curiosa, penetrei nela e após dar alguns passos, deparei com a entrada de um edifício ultramoderno. Só então percebi que era ali que funcionava atualmente a biblioteca; a fachada antiga e o pátio teriam sido mantidos como patrimônio histórico. A fusão entre a parte antiga e a moderna fora arquitetada de maneira tão perfeita que a tornava imperceptível.

Entrei no novo edifício. Lá dentro o espaço era descomunal. Só a exposição de livros era tão ampla e variada que levaria mais de um dia para ser vista. As escadas rolantes que levavam aos pisos superiores eram transparentes, ultramodernas. No segundo piso havia, num grande corredor, sucessivos computadores de última geração, disponíveis tanto para os estudantes quanto para o público; quase todos estavam sendo usados por alguém.

Ao pisar em um andar mais acima reconheci, ao fundo de seu corredor, o lindo vitral colorido que havia visto no pátio externo. Depois de seguir mais uns passos, percebi que eu já havia penetrado na ala antiga da biblioteca, pois, através de uma grande porta, vi um imenso salão de leitura cuja antiguidade era visível pelos lambris e as estantes de madeira que se estendiam à volta das paredes. Havia inúmeras escrivaninhas iluminadas por requintados lampiões de época. Tudo conservado e em perfeito funcionamento como se via pelo número de pessoas ali concentradas em sua leitura. Por todo lado era visível o alto valor e cuidado que a Dinamarca dá à sua história e cultura.

No último dia em Copenhague, saí pelas ruas mais movimentadas do centro entretendo-me, sobretudo, na via especialmente reservada para pedestres.

Era um borbulhar de gente, vitrines requintadas, antiquários, lojas de todas as categorias exibindo seus produtos, desde os mais caros até os mais populares, cafés ao ar livre, tudo o que se possa imaginar como palco de uma cidade. Havia pessoas de todos os tipos, desde as mais comuns até as mais sofisticadas e excêntricas. Não faltavam carrinhos de bebê guiados por belas mães louras e, às vezes, por jovens pais. Um desfile tão variado de tipos humanos que resolvi me sentar em um de seus bancos públicos para ficar apreciando.

No outro lado da rua, havia duas meninas louras, lindas como anjos, tocando flauta em dueto; no chão, aos seus pés, uma graciosa caixa para recolher gorjetas. Alguns pedestres se detinham para ouvir por uns minutos e seguiam adiante, outros atiravam na caixa algumas moedas antes de seguirem em frente. Fiquei a imaginar como seria a vida dessas duas delicadas criaturas. Depois de um tempo pararam de tocar e foram até um banco próximo onde estava sentado um casal. Pela atenção e carinho com que as acolheram, percebi serem seus pais pessoas simples e de aspecto respeitável.

Em certo momento, vi passar uma figura que me deixou intrigada: um homem de porte elegante, vestido de casaca, cartola, echarpe e luvas brancas, óculos de aros redondos antigos, carregando uma pequena valise como as que usavam os médicos antigamente. Andava naturalmente, sem chamar a atenção dos pedestres, a não ser um ou outro que virava o rosto para vê-lo melhor, mas sem se deter.

Achei tão estranho que resolvi segui-lo a certa distância. Ele continuava a andar e eu a matutar: por que estaria vestido assim? Por que sua presença não causava escândalo? Eram os dinamarqueses tão alheios a excentricidades? Resolvi caminhar velozmente para ultrapassar o homem e, assim, poder voltar para ver sua fisionomia de frente, bem de perto. Era nórdico, alto e bonito e pareceu-me que estava com algum artifício de maquiagem para tornar seu nariz mais ousado a fim de dar suporte aos óculos de época. Não havia nada de anormal em sua expressão, sua naturalidade era absoluta. Imaginei que, talvez, interiormente estaria se divertindo observando a reação que provocava nos poucos que o viam, pois a maioria nem o notava, tal era a movimentação de pedestres. Dois turistas que o viram pararam para lhe perguntar, através de gestos, se podiam fotografá-lo. Ele assentiu com cortesia e depois continuou a caminhar serenamente, fazendo uso de sua fina bengala.

De novo situei-me atrás dele, a certa distância, até que o vi entrar num antiquário de porcelanas finíssimas. Parei na vitrine fingindo-me interessada em alguma peça e notei que as vendedoras disfarçavam a estranheza ao vê-lo. O homem dirigiu-se a uma delas pedindo alguma informação, ao fim do que agradeceu e, seguindo adiante uns passos, entrou num elevador, sumindo de vista.

Entrei no antiquário e perguntei a uma das moças se o conhecia. Ainda alterada pela presença dele, ela soube apenas dizer que se comentava na cidade ser ele, talvez, um escritor de fábulas.

Na manhã seguinte, estando nosso embarque de volta para o Brasil marcado para depois do almoço, aprontei logo cedo as malas, deixando-as na portaria do hotel, onde mais tarde encontraria Carol, para seguirmos juntas até o aeroporto. Restando, pois, ainda algumas horas livres, retornei à tal rua situada a apenas três quarteirões.

Caminhando por ela, tinha a forte impressão de que a cidade de Copenhague é o reino da liberdade, solidez e tradição. Já estava prestes a voltar para o hotel quando, ao cruzar uma esquina, minha atenção foi atraída por uma dessas estátuas vivas, comuns atualmente nas grandes cidades e em torno das quais alguns passantes se detêm.

Tratava-se de uma loura esguia e sofisticada, vestida apenas com peças de lingerie preta, o que tornava mais sensual sua figura. Detive-me por um tempo observando e, ao examinar cada detalhe da estátua, aos poucos fui percebendo que se tratava, nada mais nem menos, do suposto escritor de fábulas do dia anterior.

Foi com certo desapontamento que caminhei de volta ao hotel, uma vez que a versão de criador de fábulas melhor se encaixava à minha fantasia. Mas, quem sabe não seria ele, de fato, um escritor e, nesse dia, estaria apenas observando as reações dos que deparassem com uma beldade semidespida para poder dar continuidade à sua história?

Foi nesse clima mágico que deixei essa cidade cujo símbolo é a Pequena Sereia...

Agradecimento de amor

Com todo amor quero expressar minha gratidão a todos os que me auxiliaram direta ou indiretamente na feitura deste livro. São tantos esses amigos queridos que só me resta mencionar seus nomes aleatoriamente com temor de cometer alguma injustiça: antes de tudo quero agradecer à generosidade de Marco Lucchesi, que, depois de me indicar algumas poucas mudanças que deveriam ser feitas, teve a atitude de me presentear, escrevendo espontaneamente a apresentação do livro.

Agradeço a Gilda Grillo por seu precioso estímulo, a Marta Pires Ferreira por suas observações, a Moema de Jesus F. Neves (Moh) pela sua total disposição para trocar diálogos e avaliações, a Letícia Fontoura pela sua paciência quanto a questões relativas ao computador, a Antonio Bivar, sempre pronto a tirar minhas dúvidas, e a Leilah Assumpção pelo apoio fraterno.

Agradeço também a Leonardo Boff e a Frei Betto, que me indicaram caminhos a seguir nas primeiras tentativas quando o texto ainda estava em fase embrionária.

E a Rose Marie Muraro, que atendeu ao meu pedido e leu o livro antes de eu dar um ponto final.

Este livro foi impresso pela Prol Editora Gráfica
para a Editora Prumo Ltda.